上海市果树全产业链生产技术

梨

组编
上海市农业农村委员会

主编
施春晖　骆　军

上海科学技术出版社

图书在版编目（CIP）数据

上海市果树全产业链生产技术. 梨 / 上海市农业农村委员会组编 ; 施春晖, 骆军主编. -- 上海 : 上海科学技术出版社, 2023.1
ISBN 978-7-5478-6038-0

Ⅰ. ①上… Ⅱ. ①上… ②施… ③骆… Ⅲ. ①梨－种植业－产业发展－研究－上海 Ⅳ. ①F326.13

中国版本图书馆CIP数据核字(2022)第247238号

上海市果树全产业链生产技术：梨

上海市农业农村委员会 组编

施春晖 骆 军 主编

上海世纪出版(集团)有限公司
上 海 科 学 技 术 出 版 社 出版、发行
(上海市闵行区号景路159弄A座9F-10F)
邮政编码201101 www.sstp.cn
山东韵杰文化科技有限公司印刷
开本 787×1092 1/16 印张 10
字数 200千字
2023年1月第1版 2023年1月第1次印刷
ISBN 978-7-5478-6038-0 / S·249
定价：58.00元

丛书编委会

本书编写人员名单

——王晓庆　李　璇　邓　波　刘璐璐　楼甜甜

周雨璊　王秀敏　张丽勍　张　华　雷　磊

金凤雷　蒋　爽　樊斌琦　周慧娟　蒋闻越

丛书总序

2021年中央一号文件指出，“要深入推进农业结构调整，推动品种培优、品质提升、品牌打造和标准化生产。要加快健全现代农业全产业链标准体系，推动新型农业经营主体按标生产，培育农业龙头企业标准领跑者。”加快健全现代农业全产业链标准是高标准引领农业高质量发展的一项创新举措，也是农业农村部农业生产“三品一标”提升行动的主要任务。

2022年，上海市农业农村委员会为进一步对标现代农业产业提档升级新要求，强化突显全产业链条概念，联合上海市市场监督管理局印发了《关于进一步加强本市农业农村标准化建设的指导意见》，提出加强农业全产业链标准化建设的重点任务，打破以往标准仅聚焦于农业生产某一个环节、某一个要素或某一个方法、“重产中，轻产前，缺产后”的局面。同时，上海市农业农村委员会组织上海市农业科学院、上海市农业技术推广服务中心、上海市农产品质量安全中心、上海市林业总站等单位的行业技术专家，坚持“缺标补标、低标提标、全程贯标”的原则，聚焦葡萄、桃、梨、柑橘和草莓五大主栽果品，探索形成贯穿“产前、产中、产后”3大环节、“产地环境、建园技术、种质苗木、栽培技术、病虫防治、质量分级、包装贮运”7大维度的全产业链生产技术体系，总结凝练历年研究及应用成果，广泛吸纳上海地区优质果园生产技术，研制了全产业链生产规范地方标准，编制了全产业链生产质量安全管控技术图。为更好地实现由“对标用标”向“看图用标”转变，上海市农业农村委员会继续组织开展了《上海市果树全产业链生产技术》丛书编制，助力农业生产和农产品两个“三品一标”协同发展。

《上海市果树全产业链生产技术》丛书是专门为上海地区发展葡萄、桃、梨、柑橘和草莓五大水果产业编写的全产业链生产技术丛书，包括《上海市果树全产业链生产技术：葡萄》《上海市果树全产业链生产技术：桃》《上海市果树全产业链生产技术：梨》《上海市果树全产业链生产技术：柑橘》和《上海市果树全产业链生产技术：草莓》五本，适合上海地区地势、气候条件和市场需求，具有较为显著的“上海特色”，也正是符合形势发展需求。丛书各册以产品为模式、全程质量控制为核心，围绕生产主线，从优良品种、建园、树体管理、花果管理、土肥水管理、有害生物及逆境防控、采收及商品化处理、质量安全管理等方面阐述了果树全产业链生产技术，以图文并茂的形式全面而系统地总结描述了产前、产中、产后各关键生产环节技术要点，适用于葡萄、桃、梨、柑橘和草莓五大果品的生产管理人员和广大果农，可以说该丛书是广大科技人员多年的成果汇集。

丛书的编者都是从事果树科学研究的专家学者，既有深厚的理论功底，也有丰富的实践经验。我相信，该丛书的出版对上海地区果园向高品质、高科技、高效益、绿色化、标准化、品牌化发展具有一定的指导意义，也能助力上海打造现代农业全产业链标准化生产样板，特此作序。

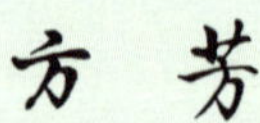

上海市农业农村委员会副主任、一级巡视员

前言

梨（*Pyrus* spp.）属于蔷薇科梨属，落叶乔木，自古享有“百果之宗”的美誉。梨果不仅鲜嫩多汁，酸甜适口，还含有丰富的果糖、葡萄糖、蛋白质以及人体所需的多种维生素和微量元素，梨果中特有的甙类（配糖体）及鞣酸等成分更具有润肺止咳的功效。

我国梨的生产和消费能力都位居世界第一，2020年我国梨产量约占世界总产量的70%，人均鲜梨占有量远超世界平均水平。上海栽植梨树的历史可追溯到元代，元代词人张之翰的《婆罗门引·赋赵相相宅红梨花》中便有赞美梨花的诗句。20世纪50年代上海逐步引进日本梨品种进行成片种植，到20世纪70年代，梨种植迅速在南汇、川沙、青浦、松江等区县快速发展起来，一度跃居全市果品生产量的第一位，并远销港澳等地。从20世纪90年代至今，全市梨树种植面积一直稳定在3万亩（1亩=666.67平方米）左右。随着梨树种植人工劳动力老龄化、生产成本持续攀升，梨产业遭遇瓶颈待转型升级。上海梨园以小规模个体经营为主，梨全产业链上主要存在品种结构不合理、果园标准化程度低、采后商品化处理程度低、梨果生产全程质控标准薄弱等问题，一度陷入“好果不多，多果不好”的僵局。与此同时，消费者却对梨果品的商品性、安全性要求越来越高。为了补齐产业链短板，形成完整健全的全产业链，推进梨产业的现代化和产业化振兴，早日实现上海梨业的高质量发展，结合我国“十四五”产业升级的重大使命和上海市质量兴农战略的决策部署，我们组织了从事果树科研、教学、技术推广及生产主管部门的专家编著此书，旨在加快梨产业结构优化，大力推广绿色梨果品生产方式，显著提升优质安全商品果率，打造具有市场影响力的区域公用品牌，显著减低化肥、农药使用量，示范引领梨种植经营者努力实现“五高”（高品质生产、高科技装备、高水平经营、高值化利用、高效益产出）的生产目标，全面提升都市农业质量效益和竞争力，推进农业全产业链高质量发展。全书采用以图为主，文字解析为辅的图文并茂形式，为生产一线的科技工作者和广大果农系统讲解涵盖梨全产业链绿色生产的全部环节，内容包括：优良品种、建园、树体管理、花果管理、土肥水管理、有害生物及逆境防控、采收及商品化处理、质量安全管理八个方面，具有较强实操性，为促进梨全产业链健康发展提供技术对策和方案。

本系列丛书在编写过程中得到了上海市农业主管部门与农业推广部门有关领导和专家的关心指导和大力支持，在此谨表示衷心的感谢。

鉴于编委知识水平有限，书中疏漏和不妥之处在所难免，敬请读者见谅并指正。

编著者

2022年8月

目录

一
优良品种

（一）早熟品种

1. 早生新水

上海市农业科学院林木果树研究所育成，从新水自然杂交实生后代中选出。2004年通过上海市农作物品种审定委员会审定，2018年通过国家非主要农作物品种登记。

树势强旺，树姿直立，萌芽率中等，成枝力较强，果台枝寿命短，连续结果差，对肥、水管理要求高，易感梨轮纹病。一般3月上旬花芽萌动，盛花期3月下旬～4月初，果实成熟期7月下旬。翠冠、长寿、金廿世纪、幸水、菊水等品种可作授粉品种。

果实扁圆形（图1-1），平均单果重230克，最大果重500克。果皮褐色，果心小，肉质细，松脆，汁液多，味甜；可溶性固形物含量均值为12.0%～13.0%；品质优，属中产品种。常温下可贮藏3～5天，不耐贮。

图1-1　早生新水

该品种短果枝连续结果能力较差。幼树通过刻芽促发新枝，长放拉枝缓和长势促进成花，提高早期产量。成年树及时培养与更新结果枝，同时结合拉枝，促进花芽形成，达到丰产稳产的目标。

2. 沪晶梨18号

上海市农业科学院林木果树研究所育成，亲本为八幸×早生新水。2019年获得国家植物新品种权，2019年通过国家非主要农作物品种登记，2022年通过上海市林木良种审定委员会审定。

图1-2　沪晶梨18号

树势中庸，树姿半开张。萌芽率较高，成枝力较强，花芽较易形成，宜采用腋花芽结果。一般3月中旬花芽萌动，盛花期3月底～4月初，花期较早生新水晚，果实成熟期7月上中旬。翠冠、清香、黄花、雪青等品种可作授粉品种。

果实扁圆形（图1-2），平均单果重250克，最大果重380克。果皮褐色，果心小，肉质细、松脆，汁液多，味甜；可溶性固形物含量均值为11.5%～12.5%。常温下可贮藏3～5天，贮藏性较早生新水好。

沪晶梨18号树体管理与早生新水的管理类似。

3. 苏翠一号

江苏省农业科学院果树研究所育成，亲本为华酥×翠冠。2011年通过江苏省农作物品种审定委员会鉴定，2017年获得国家植物新品种权，2021年通过国家非主要农作物品种登记。

树势中庸，树姿半开张，萌芽率高，成枝力中等，花芽易形成。一般3月中下旬花芽萌动，盛花期3月下旬～4月初，果实成熟期7月中旬。丰水、清香、黄冠可作授粉品种。

图1-3　苏翠一号（王涛拍摄）

果实倒卵圆形（图1-3），平均单果重260克，最大果重460克。果皮黄绿色，蜡质多，果锈极少或无，肉质细脆，汁液多，味甜，可溶性固形物含量均值为11.5%～12.5%。

为防止树势早衰，加强肥水管理，需及时疏果，合理负载，疏果后宜套袋栽培。易感褐斑病，生产中应加强果园排水，改善树体通风透光，采后应及时喷杀菌剂，加强病害防治。

4. 沪晶梨67号

图1-4　沪晶梨67号

上海市农业科学院林木果树研究所育成，亲本为八幸×早生新水。2019年获得国家植物新品种权，2019年通过国家非主要农作物品种登记，2022年通过上海市林木良种审定委员会审定。

树势健壮，树姿半直立，萌芽率较高，成枝

力中等，以短枝结果为主，花芽易形成。一般3月中旬花芽萌动，盛花期3月底～4月上旬，果实成熟期7月下旬～8月初。早生新水和圆黄可作授粉品种。

果实圆形或扁圆形（图1-4），平均单果重275克，最大单果重570克。果皮褐色，果心小，果肉脆、细，汁液多，酸甜，风味好，可溶性固定物含量均值为12.0%～13.0%。常温下可贮藏7～10天，贮藏性较好。

沪晶梨67号花芽容易形成，因此要及时进行疏花、疏果控制产量，保持合适的叶果比，以增大果形，提高品质。幼树萌芽期刻芽培养紧凑树形，适宜省力化栽培。

5. 翠玉

浙江省农业科学院园艺研究所育成，亲本为西子绿×翠冠。2011年通过浙江省非主要农作物品种审定委员会的品种认定，2020年通过国家非主要农作物品种登记。

树势健壮，树姿半直立。萌芽力强，成枝力中等，花芽极易形成，以中、短果枝结果为主，丰产性好。一般3月中旬花芽萌动，盛花期4月初，果实成熟期7月中下旬。翠冠和玉冠可作授粉品种。

图1-5 翠玉

果实圆形（图1-5），平均单果重300克。果皮绿色，果面光洁具蜡质，果肉细嫩，汁液多，味甜，可溶性固定物含量为均值10.0%～11.0%。常温下可贮藏7～10天，贮藏性较好。

6. 翠冠

图1-6 翠冠

我国南方砂梨适栽区的主要品种，浙江省农业科学院园艺所育成，亲本为幸水×（新世纪×杭青）。1998年通过浙江省品种认定。

树势强旺，树姿半开张，萌芽率高，成枝力强，丰产性好。易形成花芽，以长果枝和短果枝结果为主。一般3月中旬花芽萌动，盛花期3月下旬～4月初，果实成熟期7月下旬～8月初。清香、黄花可做授粉品种。

果实近圆形（图1-6），果大，平均单果重250克，最大500克。果皮绿色，有锈斑，果肉细嫩、松脆、多汁、味浓甜，可溶性固形物含量均值为11.5%～12.5%。常温下可贮藏7～10天。

幼树修剪避免短截，轻剪长放。幼树萌芽期刻芽培养紧凑树形，适宜省力化栽培。翠冠果实易形成果锈，疏果后应及时套袋提升果皮光洁度。

（二）中熟品种

1. 清香

浙江省农业科学院园艺研究所育成，亲本为新世纪×三花。2004年通过浙江省科学技术厅组织的成果鉴定，2020年通过国家非主要农作物品种登记。

图1-7　清香

树势中庸，树姿半开张，萌芽率高，成枝力弱，花芽易形成，以短果枝结果为主。一般3月上旬花芽萌动，盛花期3月下旬，果实成熟期8月中旬。翠冠、黄花可作授粉品种。

果实长圆形（图1-7），果大，平均单果重280克，最大单果重580克。果皮黄褐色，果肉较致密、味甜、汁多，可溶性固形物含量为均值11.0%～13.0%。常温下可贮藏10天左右。

2. 圆黄

图1-8　圆黄

韩国梨品种。韩国园艺研究所育成，亲本为早生赤×晚三吉。

树势强，树姿半开张，花芽易形成，花粉量大，既是优良的品种又是很好的授粉品种。丰产性好。一般3月上旬花芽萌动，盛花期3月下旬，果实成熟期8月中旬。翠冠可做授粉品种。

果形扁圆（图1-8），果大，平均果重250克，最大果重可达800克。果皮褐色，果肉脆细、味甜、汁多，可溶性固形物含量均值为12.0%～13.0%。常温下可贮藏15天左右。

圆黄梨早果性好，适宜密植栽培，为了增大单果重，提高商品性，应及时疏果。

（三）晚熟品种

1. 丰水

日本品种，日本农林省果树试验站育成，亲本为（菊水 × 八云）× 八云。

树势中庸，树姿半开张，萌芽率强，成枝力弱，成花容易，以短果枝结果为主。一般3月中旬花芽萌动，盛花期3月下旬～4月初，果实成熟期8月底～9月上旬。翠冠、黄金梨可做授粉品种。

图1-9 丰水

果实扁圆形或近圆形（图1-9），平均单果重292克，最大单果重750克。果皮褐色，果肉细、松脆、汁液多，味甜酸，可溶性固形物含量均值为11.0%～13.0%。常温可贮藏5～7天左右。

肥水不足树势易早衰。果型较大，应合理负载。果实套袋可使果面光滑外观美。

2. 黄花

图1-10 黄花

浙江农业大学（现浙江大学）育成，亲本为黄蜜 × 三花。

树势中庸，树冠开张，萌芽率高，成枝力强，以短果枝结果为主，腋花芽也容易形成，果台枝寿命长。一般3月中旬花芽萌动，盛花期3月下旬～4月初，果实成熟期8月底～9月初。翠冠可做授粉品种。

果实圆锥形（图1-10），果形大，平均单果重250克。果皮黄褐色，果肉脆，肉质中等，味甜稍带酸，可溶性固形物含量均值为11.0%～13.0%。常温可贮藏15天左右。

黄花梨品种坐果率高，栽培时应注意及时疏果，注意合理负载。

3. 秋月

日本品种，日本农林水产省果树试验场育成，亲本为（新高 × 丰水）× 幸水。2002年引入中国。

生长势强，树姿较开张，萌芽率低，成枝力较强，易形成短果枝。一年生枝条甩放后可形成腋花芽。一般3月上中旬花芽萌动，盛花期3月下旬～4月初，果实成熟期9月上中旬。

果实扁圆形（图1-11），果形大，平均单果重450克，最大可达1 000克左右。果皮褐色，果肉细嫩、松脆、汁多、酸甜，可溶性固形物含量为12.0%～13.0%。耐贮藏，常温下可贮藏10天左右。

图1-11　秋月（王涛拍摄）

秋月对肥水要求较为严格，喜大肥、大水。枝条直立，且硬度较大，所以在幼树期应注意尽早拉枝开角。幼树修剪以轻剪、长放为主，尤其对主枝延长枝要轻剪。

二 科学建园

（一）园地选择与规划

1. 生态环境

梨树是适应性较强的树种，要实现梨果优质、绿色生产，需选择生态环境良好，并具有可持续生产能力的农业生产区域，包括选择良好的地形地势、区域条件和环境条件。

（1）地形地势

梨树的直根性很强，根系分布空间与地下水位、土壤黏重度相关。根据上海奉贤、松江梨园中梨树根系的观测，由于地下水位普遍偏高、土壤黏重，根系分布以0.2～0.6米为主，0.6米以下分布的根很少。地势高，排水好，土质疏松，肥沃的土壤中梨树的根系，不论垂直分布还是水平分布范围都会更深、更广。

上海市梨园宜选择地下水位低于0.8米的高燥地。园址选择有局限的也可通过采用“挖深沟、做高畦”（图2-1）的方式使地下水位降至0.8米以下，同时建设相应的排水系统。

深沟高畦

脊背式高畦

图2-1　高垄深沟

（2）区域条件

梨园应建在经济条件较好，通信方便，交通便捷，电力、灌溉条件、劳动力资源能满足梨园生产需求的区域；远离废水、废气、废渣的“三废”污染地区；远离污染源的地区（图2-2），如工矿企业、交通干线、医院、垃圾和废弃物堆放场等；远离工矿区和公路、铁路干线；距主干公路100米及以上。此外，不宜在周边5千米内栽植桧柏（圆柏）的地域建设梨园。

图2-2　远离污染

（3）环境条件

梨树的生长环境对光照、温度、水分、土壤、风等环境因素均有一定的要求（图2-3）。

① 光照

梨树喜光，年日照时数需1 600小时以上，梨叶光补偿点约为1 100勒克斯，光饱和点约为54 000勒克斯。

② 温度

梨树对温度的要求与品种和生成时期相关。长江中下游砂梨产区休眠期平均温度要求5～17℃，生长期平均温度要求15.8～26.3℃，无霜期250～300天，花期冻（冷）害临界点是-4.0～2.2℃。

砂梨品种的需冷量一般为340～530小时（0～7.2℃模型），在休眠期需冷量不足时会导致芽不萌发、延迟萌发或开花不整齐等现象。

③ 水分

砂梨适生区年降雨量为500～1 900毫米，上海年平均降雨量为1 100～1 300毫米，耐湿性较差的梨品种不宜在多雨、高温地区栽植，否则生长不良，枝叶徒长，病害加剧，产量和品质下降。多雨、高温气候条件下发育的梨果实较大，果皮粗糙，易形成锈斑。干旱、少雨气候条件下果实石细胞增多，品质下降，故梨果实发育的关键期需及时灌溉、防旱。

④ 土壤

梨树对土壤酸碱适应性较广，pH为5.8～8.0，土壤含盐量在0.2%以下为宜。据测试，上海主要梨产区土壤pH为5.1～8.5。松江、青浦、金山等区大部分梨园土质属于黏土或黏壤土，崇明区土质以砂土和砂壤土为主。调查中发现，崇明长江入海口处的围

图2-3　梨宝宝喜日照怕风雨

垦滩涂土壤pH高，一般在8.5以上，灌溉水含盐量也高，梨树生长、果实发育会受不同程度的影响。

⑤ 风

大风对梨树的危害分为直接伤害和间接伤害：直接伤害包括风造成叶片破损、脱落、树枝折断、果实掉落、树根摇动拔起等伤害；间接伤害包括大风造成叶片、树枝、果实吹损后伤口被病虫害侵入造成的伤害。上海等沿海地区风害防控是梨园保产的重要措施。

2. 立地条件

（1）空气质量要求

梨园选址时需注意，要选择远离大气污染排放源、环境质量符合标准要求的地区建园，以避免空气污染对果实造成的污染。产地空气环境质量要求需满足NY/T 391的规定。其中，二氧化硫是当前我国主要大气污染物，其发生源也较普遍，当二氧化硫排放量大时，对梨树危害尤为严重。据报道，0.57～1.43毫克/米^{3}的二氧化硫便可抑制梨花粉的萌发及花粉管的伸长从而显著降低结实率。除对梨花器官直接伤害以外，二氧化硫遇水变为亚硫酸可使喷洒在叶片上的波尔多液中的铜离子游离出来产生药害，使叶片变黑，果实上出现黑褐色药斑。据统计，上海市2014—2018年空气中二氧化硫浓度平均值0.01毫克/米^3，远低于GB 3095和NY/T 391的限定标准，为梨树生产提供了良好的空气环境。

（2）灌溉水质要求

果园灌溉用水包括江湖泊、水库、井水等。灌溉用水的pH及矿化度是反映水质优劣的两个主要指标。在绿色梨果品生产中，还要考虑水中有毒金属离子（铅、砷、镍、镉等金属离子）及卤离子（氟、氯等元素离子）的绝对含量。绿色梨果园的灌溉水质应符合GB 5084和NY/T 391的要求。

生产中应将灌溉与施肥结合起来，先对灌溉水源水质及矿质元素进行检测分析再根据梨树所需矿质元素进行科学精准施肥。其中结合水肥一体化的滴灌、喷灌在梨园中应用越来越普及，通常每次灌溉下渗60厘米左右，每亩年灌水总量约400米^3。

（3）土壤质量要求

① 土壤环境要求

梨园土壤污染有三个方面的来源，分别为有害工业废水灌溉造成的土壤污染；

有害重金属元素，如铅、铬、汞等的含量超标，造成的土壤污染；另外还有梨园过度施用农药造成的土壤污染。绿色梨果品产地的土壤环境质量要求需满足NY/T 391的规定。

② 土壤肥力要求

土壤肥力是指能够提供树体生长所需各种养分的能力，是反映土壤肥沃性的重要指标。土壤肥力指标包括：土壤营养（化学）指标、土壤物理性状指标、土壤生物学指标、土壤环境指标四方面。

梨园土壤营养指标碱解氮、有效磷、速效钾的适宜标准值分别为60～130毫克/千克、10～40毫克/千克、65～200毫克/千克。土壤有机质含量应高于25克/千克，我国梨园有机质含量普遍在1.0克/千克以下。近两年上海大部分梨园土壤有机质含量范围在19.6～32.1毫克/千克；有效氮的含量范围在36～73毫克/千克；有效磷的含量范围在30～43毫克/千克；速效钾200～430毫克/千克，80%以上梨园土壤有效磷和速效钾的含量均高于行业标准。上海梨园平均有机质含量虽略高于国内大多数梨产区的水平，但与业内认可的高标准梨园有机质含量水平（30克/千克以上）仍存在差距。

图2-4　丰富有机质保证优质梨果

3. 社会经济条件

梨园选址是决定经营效益的关键。梨园应选择具有较强经济条件的区域，如具有发展观光休闲农业与乡村旅游的地方可作为首选发展区域。首先，优先在梨园发展休闲农业，将有利于未来的经营中与梨园生产形成有机联动。其次，以特色主产区作为基础，优先发展休闲农业，有利于形成品牌效应。再者，可创新发展一批都市科技型农业旅游。以高科技为重要特征，在提供农产品的同时还具有现代化农业生产科普教育基地的功能，“农、旅、文”三种产业的融合创新，将现代农业、美丽乡村、生态文明、乡土民俗文化创意产业有机融为一体，最终实现对梨产业的综合性带动（图2-5）。

梨科教基地

梨采摘节

图2-5　梨采摘科教

4. 规划与建设

（1）规划设计

梨果规划设计过程中需充分考虑区域条件的诸多因素，以提高果树设计的有效性。同时，在设计过程中，不仅可以实现果树生产的高效性，还应兼顾果园的观赏价值，实现果树生产和休闲娱乐的有机结合。从种植规模来说，梨树栽植面积应占园地总面积的85%以上，其他非生产用地为园地应控制在总面积的15%以下。根据地块整体轮廓图，出具规划设计图，包括防护林设置、道路系统规划、排水灌溉系统、小区规划、附属设施规划、整形架搭建等方面。现有果园附属设施不足的应配套完善。

（2）小区划分

上海传统梨园规模相比较小，建议今后发展连片种植面积在100亩（1亩=666.67平方米）以上的梨园，生产应尽可能集中连片进行园区式建设，规模化栽培管理，以更好地顺应未来发展趋势。

作业小区内划分土壤、光照、运输、排灌条件大体一致，便于统一管理及机械操作。小区宜建成长方形，南北向为宜（图2-6）。

小区面积划分按种植规模而定，100亩以上梨园，平地梨园作业小区平均面积为10～50亩；山地、丘陵地作业小区面积为5～10亩。1 000亩以上梨园，平地梨园作业小区平均面积60～100亩；山地、丘陵梨园作业小区面积宜在30～50亩。小区间以道路、沟渠间隔。

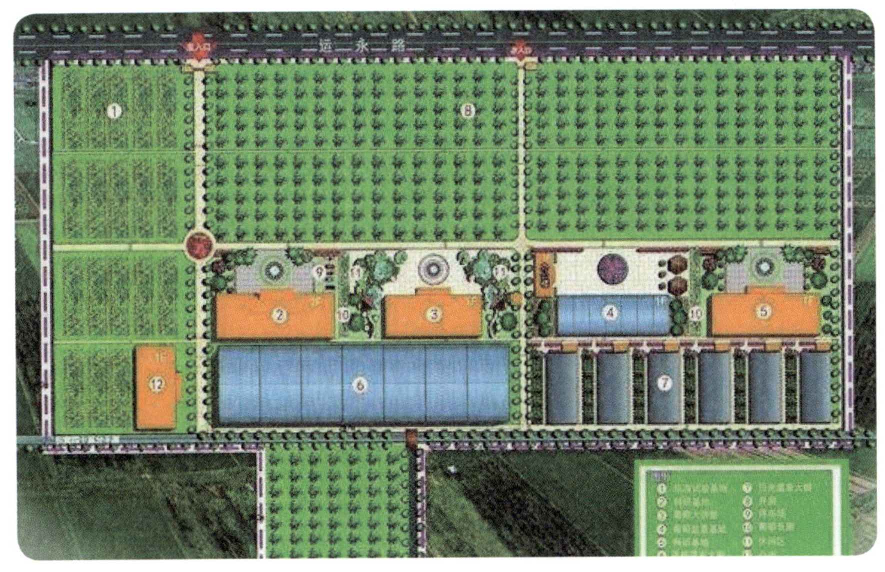

图2-6　梨园平面设计示意图

（二）设施设备

1. 基础设施

（1）道路系统规划

规模化梨园由主路（干路）、支路和小路（田间作业道）组成（图2-7）。

平地梨园道路。主路（干路）硬化，贯穿全园，外接公路，内接支路，路面宽度4.0～5.0米，适于果园机械化作业。小区以支路为界，支路与主干道垂直，便于中、小型机械通行，宽度为3.0～4.0米。小区内行间设置小路（田间作业道）与主路相连接，宽度约为2.0～3.0米。

山地梨园道路。道路应选坡度较缓处，根据山地、丘陵的具体地形特点，主路（干路）迂回盘旋。支路与干路相连接，横向道路应沿等高线，按3%～5%的比降，路面内斜2～3度。支路应尽量贯穿等高线内的所有栽培行。丘陵地梨园顺坡的主路和支路相连接并尽量选在分水岭上。

主路（干路）

支路

小路（田间作业道）

图2-7　规模化梨园道路

规模化标准梨园建议在主干道上方搭建紫藤、葡萄等园艺长廊架，不仅可提高土地利用率，还可提高果园整体美观度及附加旅游观光效应。

（2）排水、灌溉系统

南方多雨梨园设置排水系统分为明沟排水（图2-8）和暗管排水（图2-9）两种方式。

① 明沟排水系统

明沟排水是在地表间隔一定距离顺行挖一定深、宽的沟进行排水。原先传统的小规模果园建立围沟、腰沟、畦沟三沟配套排水系统便可满足排水需求。如今，梨园向规模化发展，百亩乃至千亩的规模化梨园对排水系统有更高的参数要求，适于建立三级明沟排水系统，具体参数见表2-1。该排水系统由一级排水沟（围沟和主排水沟〈渠〉)、二级排水沟（贯通小区间的纵、横向排水沟)、三级排水沟（小区内腰沟和畦沟）组成。地势低洼的梨园，配备强排设施。二级沟系间隔40～50米。深度应地势而定，海拔3.0米以下，地下水位高于0.8米的地区一级沟深1.2～1.5米，宽2.0～2.5米；二级沟深0.8～1.0米，宽1.0～1.5米；三级沟深0.4～0.7米，比降一般

表2-1 明沟排水系统参数

级别	类别	深度（米）	宽度（米）
一级排水沟	围沟和主排水沟	1.2～1.5	2.0～2.5
二级排水沟	纵横向排水沟	0.8～1.0	1.0～1.5
三级排水沟	腰沟和畦沟	0.4～0.7	0.8

一级排水沟

二级排水沟

三级排水沟

图2-8 明沟排水系统

为0.1%～0.3%。另外，采用深沟高畦的方法，集水沟与灌水沟的位置、方向保持一致。

② 暗排设施

为了便于果园机械化作业可采用水泥盖板或铺设暗排管等暗排设施，铺设暗排管的优势在于不占地，不影响地面操作，养护负担轻，排水、排盐效果好，但也存在成本高，一次性投资大的弊端。

暗排管

暗排水泥板

图2-9 暗沟及强排

果园铺设地下管道，一般由干管、支管和排水管组成，铺设位置基本与排水明沟位置相似。行间暗沟深度取决于外围排水沟的深度，暗沟深度要高于排水沟深度，安排沟深一般为0.5～0.7米，铺设比降为0.3%～0.6%。暗排管铺设前先在沟底铺垫一层砾石再铺设暗排管，暗排管径约为15～20厘米，管道四周铺垫石子然后覆盖旧编织袋，再覆盖一层树枝，为了将泥土与暗排管隔离开，避免泥沙堵管，最后用园土将暗排沟填满。排水干管的出口处，应建立保护设施，保证排水畅通。

易淹水的果地需建设完整的强排系统。强排系统包括围堰和排水沟渠系统，除上述常规排水系统外还需建设集水池，甚至是排水闸门，可起到集聚雨水后利用强排水泵从果园抽出；也可利用比果园高的公路和防风林改造为围堰，防止雨水倒灌进果园。

③ 灌溉系统

梨园宜采用喷灌、滴灌、渗灌等节水灌溉方式，推荐采用水肥一体化灌溉方式。

喷灌即喷洒灌溉，将水通过水泵进行加压，利用果园中铺设的管道将水通过喷头以小水滴状态喷洒于果园树根附近。喷灌与沟灌和漫灌相比，可节省用水30%～50%。近两年微喷灌技术广泛应用，将具有一定压力的水，经过严格过滤后对果园进行灌溉，保证果树的水分的需求，蒸发损失小，不产生地面径流和深层渗漏。生产中要注意经常检查滴头是否堵塞以免影响灌水效果。

滴灌是利用塑料管道将水通过直径约10毫米毛管上的孔口或滴头送到果树根部进行局部灌溉。水的利用率可达95%，同时可以结合施肥，提高肥效。其不足之处是滴头易结垢和堵塞，需对水源进行严格的过滤处理。

渗灌技术是通过低压管道将水送至渗水器，缓慢地将水分及可溶于水的肥料、药物直接送至作物根部附近。使用年限较长，但成本较高，使用时应定期检查管道微孔，避免发生堵塞从而影响灌水效果。

水肥一体化技术是将灌水与施肥合为一体进行的农业技术。通过微灌的形式进行，根据果树对水分和养分的需求规律以及果园土壤水分及养分的具体情况，在灌水的同时，利用施肥器将所需的水溶肥一起施入，实现果树的精准施肥与合理用水，此技术可节水50%左右。

图2-10　水肥一体化设备

崇明三岛地区及浦东沿海土壤盐碱化严重的灌区，宜修建雨水收集池，经雨水收集处理后灌溉水pH可降至7.0左右。根据灌溉面积和设计流量选配适宜的水泵、干管等组件，主要技术规格参数见表2-2。

表2-2 水泵和干管的主要技术规格参数

面积（亩）（1亩=666.7平方米）	水泵			干管
	功率（千瓦）	数量（台）	水量（米^3/小时）	管径（毫米）
≤50	5.5	2	23～46	≥90
50～100	7.5～11.0	2	46～85	≥110
100～200	11.0～15.0	3	85～160	≥110

2. 防护林规划

成片种植的梨园需设置防护林，以有害风向以及地势、地形和气候特点为依据。防护林由乔木和灌木混合组成，中部为4～8行乔木，乔木下为2～4行灌木。主林带设置方向与主要有害风向垂直，宽度需达到10米及以上，副林带与主林带垂直宽度需达到8米及以上。防护林建议在梨树定植前2～3年开始营造，至少与梨树定植同时进行。乔木定植株行距为1.0～1.5米×1.5～2.0米，灌木定植株行距均为1.0米。

树木以当地原始速生树种为主，不宜选用与梨树有共同病虫害的树种。譬如梨锈病原菌丝体在桧柏（圆柏）上越冬，因此松柏不宜作防风林树种。

3. 其他配套设施

园区交通便利处每100亩配套建设管理用房面积为100平方米、生产资料仓库面积为300平方米、果品分级包装装运场地和采后预处理间面积为150平方米、农用机械设备仓库面积为300平方米等基础设施，并在醒目的位置树立标示牌。

标准化梨园应根据果园规模进行电力设施配套。100～200亩果园配备50～100千瓦电力设施；400亩以上果园配备150千瓦电力设施。地下水位高于0.8米的园区要设置排灌两用泵站，取排水功率为15～30千瓦。另外，适当安排移动小型排涝泵，以防果园淹水。

图2-11　生产仓库、包装车间

4. 辅助设施、设备

标准化梨园在经济条件允许的情况下可建立冷库、气调库、物联网田间管理信息系统及设备等。

（三）种植准备

1. 整形架搭建

（1）主干形、音叉形树形整形架搭建

整形架由立柱、支架拉线、斜撑（或锚线）构成，适宜主干形、音叉形树形种植（图2-12）。

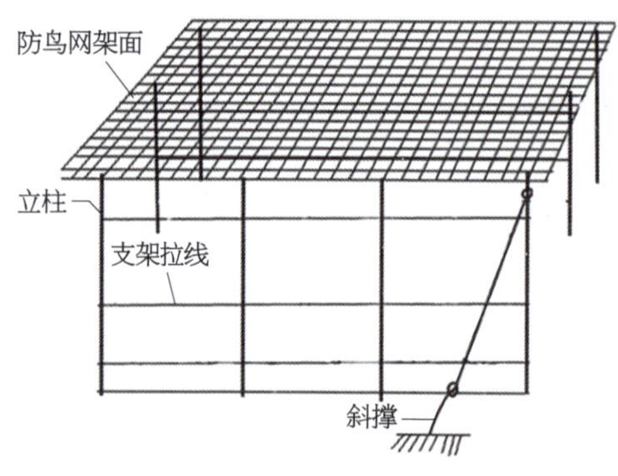

图2-12　主干形立架示意图及实物图

立柱：行距3.5～4.5米，每行间隔8.0～10.0米，立柱长4.0～4.5米，离地高3.5～4.0米。

拉线：每根立柱上拉3道单股塑钢线或热镀锌钢丝，第1道在立柱距离地面1.0米处；第2个道拉线距离第1道拉线1.5米，第3道距离第2道1.4米（离地3.9米处）。斜拉锚线或斜撑设置在每行第2根立柱处。

边柱：栽培行的第1根立柱。每行首尾留4.0～6.0米道路，便于机械转弯掉头。利用立柱顶端拉线形成网格面，搭建防鸟网。

（2）棚架搭建

棚架由水泥柱（角柱、边柱、支柱）、塑钢线（主线、副线）拉成的网格状架面构成（图2-13）。

立柱：支柱间距一般4.0～5.0米，行向支柱与梨树定植行重合，用主线纵横连接支柱、边柱和角柱顶端。

架面：用副线纵横编织结网连接主线，呈0.5米×0.5米网格状，构成平棚架面。平棚架面高1.7～1.9米，支撑控制梨树枝条、果实生长。

辅助设施：行向支柱，在平棚架面以下0.3米处拉“主枝定位线”，架面以上0.5米拉“抬高诱引线”。需要搭建防鸟网时，支柱间隔向上延长在距平棚架面1.5米处设防鸟网格线，网格支柱间距一般8.0～10.0米。网格线上再架设防鸟网。

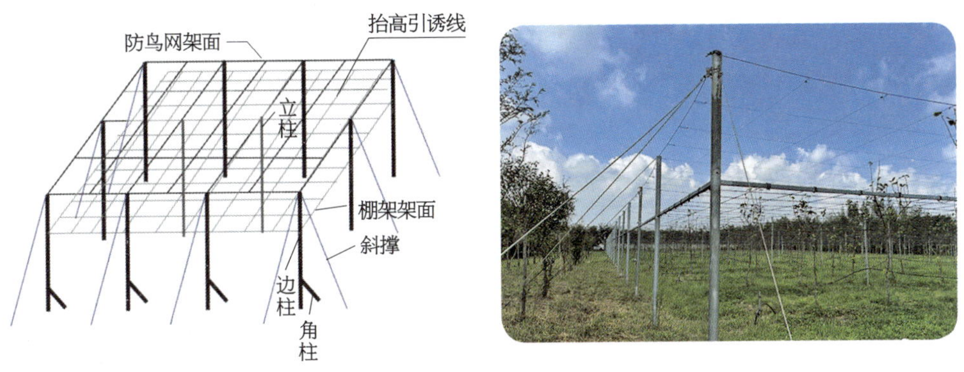

图2-13　棚架立架示意图及实物图

2. 品种选择

应选择抗性强、优质、商品性好的优良品种，应注意早、中、晚熟品种的合理搭配。按1∶2～1∶4的比例配置授粉树，授粉品种选择与主栽品种花期一致或略早，花粉量大的品种，可选择清香、圆黄、黄花等授粉亲和力好的梨品种。

3. 苗木选择

优质梨苗木是保证梨树正常生长，实现优质、丰产、高效的重要保障。绿色梨园的苗木选择应按照NY 475-2002的规定选择品种纯正、枝条健壮、根系发达以及无严重病虫害和机械损伤的优质一级苗木（图2-14）。苗木质量应达到苗木粗度≥1.0厘米，侧根长度≥15厘米，侧根数量在5条以上，高度≥1.2米的无检疫对象的嫁接大苗，具有定植后第三年可投产的优势。

图2-14　大苗

4. 整地做畦

全园深翻，平整土地，取土作畦。

地下水位0.8米以下，在定植位置上，挖深0.6米、宽0.8～1.0米的定植沟，每亩用腐熟的有机肥5～10吨，与园土拌均匀回填入定植沟内，填土高于地平面0.2米，灌水沉实后与地面相平。旁边开浅排水沟，沟底应沿排水系统的水流走向设置比降。按种植密度，标好定植点，以定植点为中心开挖定植穴。

地下水位0.8米及以上，施有机肥后深翻整地，开宽为0.8米，深度为0.4～0.7米的畦沟。取土作畦，畦面脊背高出园地0.4～0.6米，畦宽1.2～1.5米，耕整畦面，同上根据栽培密度标好定植点（图2-15）。

图2-15　整地做畦

（四）种植与栽后管理

1. 定植密度

传统栽培模式，选择开心型树形，株行距2.0～4.0米×4.0米。

省力化栽培模式，选择主干形、两主枝树形，主干形树形株行距1.0～1.5米×3.5～5.0米；两主枝树形株行距1.5～2.0米×3.5～5.0米。

棚架栽培模式，传统棚架，株行距4.0～6.0米×4.0～6.0米；简化棚架模式“双臂顺行式”棚架，株行距4.0～5.0米×3.0～4.0米。

保护地栽培模式，可根据棚的宽度进行定植，跨度9.0米的大棚种3行，行距3米；8.0米大棚种2行，行距4米。棚高4～6米为宜。

2. 苗木定植

苗木定植前应进行挑选、整理。剔除不符要求苗木，解除嫁接绑带，修剪损伤根系，枝条。

在定植地中间挖小穴，把整理好的苗木垂直放入小穴内，使根系均匀分布，再填土踏实；填土时苗木嫁接口要高出土面，定植后浇透水；苗木扶正，每株树苗旁插一根竹竿，用布绳进行绑扶、固定（图2-16）。

3. 苗期管理

（1）定干与树形培养

栽植后按不同树形定干或不定干。苗木成活后，及时抹除从砧木萌蘖或离地面近的主干上萌发的芽，生长季节及时松土保墒，除去杂草，确保苗木旺盛生长。

① 定干式培养

长势偏弱的苗当年定植后宜在0.5～0.6米处定干，选留一个直立生长的新梢作为中心主干延长枝，中心主干延长枝的新梢长到大于0.3米时，需立竹竿引领其直立生长，随着中心主干逐渐长高，不断绑缚。控制竞争枝生长。冬季不剪或轻剪。

图2-16　定植大苗的操作步骤

② 不定干式培养

健壮大苗定植当年可轻定干或不定干，竖竹竿绑扶，冬季轻剪或不剪（图2-17）。

图2-17　定干和不定干苗木

（2）苗期肥水管理

① 水分管理

苗期根据梨园土壤墒情使用喷、滴灌及时浇水，一般天气干旱隔5～7天浇一次水，使田间持水量保持在60%～80%，还可以在垄上覆地膜保持土壤湿度（图2-18），同时防止杂草与树苗争夺养分。

图2-18　小苗覆膜保墒

② 肥料管理

5月中旬开始，每株树苗施用3～5克尿素，10～15天施一次，同时结合浇水灌溉。6月可以施用少量复合肥2～3次，之后当年不再施追肥。2～3年生幼树宜每株施25～30克尿素，每隔30天一次，施3～4次。

③ 病虫害管理

苗期应注意病虫害的防治，梨树苗期病害主要有根瘤病（根癌病）、根腐病、梨锈病等，虫害主要有金龟子和梨木虱等。

三 树体管理

（一）常用树形

1. 树形结构

疏散分层形、三主枝开心形以及传统棚架式树形为南方地区的传统梨树形；主干形树形、音叉形树形，以及“双臂顺行式”棚架树形为适宜南方地区的省力化梨栽培新树形。

（1）疏散分层形

有明显的中心干，主干高0.6～0.7米，树高3.0～3.5米，6～7个主枝疏散分层排列在中心干上（图3-1）。第一层3个主枝，主枝水平夹角为120°，基角为60°～70°；第二层2个主枝，层内主枝开张50°～60°；第一层与第二层主枝插空着生，层间距为0.8～1.0米。第三层可留1个主枝或者不留。每主枝选留1～2个副主枝（侧枝）。幼树除培养主枝以外，多留辅养枝，随树龄增长，逐步筛除或改造成结果枝组。

疏散分层形树形骨架结构好，通风透光好，单株产量高，缺点是修剪方式比较繁琐，技术不易掌握。

图3-1　疏散分层形树形示意图及实物图

（2）三主枝开心形

无中心干，主干高0.6～0.7米，树高2.5米左右，配置三大主枝，均匀分布主干四周（图3-2）。主枝方位角度互为120°，主枝基角为45°～50°，腰角为60°～65°，梢角为40°～45°。每一个主枝两侧各配置1～2个副主枝（侧枝），第一副主枝距主干为60厘米，第二副主枝在第一副主枝对侧相距30～40厘米，副主枝开张角度为60°～70°；主、副主枝上培养侧枝，同侧侧枝间距为40～50厘米。

三主枝开心形树矮便于人工操作，受光好。树形骨架结构好，单株产量高，有效结果面积大，缺点是行间易郁避，背上枝容易发生，修剪繁琐，梨园机械难通行。

图3-2　三主枝开心形树形示意图及实物图

（3）传统棚架式树形

无中心干，主干高0.8～1.0米，树高1.7～2.0米，有3～4个主枝，均匀分布于主干四周（图3-3）。主枝与树干的基角约为45°，将主枝顺势引缚上棚，上棚后，呈水平方向绑于棚面铁丝上，主枝向四周均匀分布棚面，三主枝间相互呈120°，四主枝同相互呈90°，主枝两侧培养出肋骨状排列的侧枝，大侧枝间距为80厘米，中枝组间距为30～40厘米，小枝组间距10～20厘米，均匀布满整个架面。传统棚架式树形具有采光好，防风好的优势，但对树体管理的要求较高。

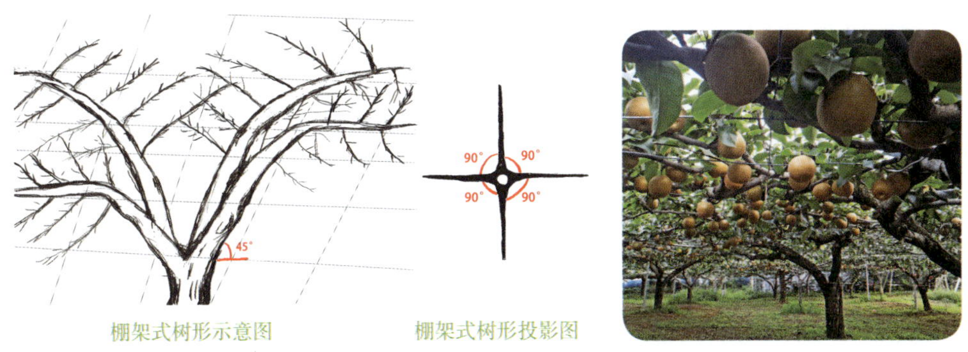

图3-3　传统棚架式树形示意图及实物图

（4）主干形树形

主干形树形又称圆柱形树形，有明显的中心干，干高0.5～0.6米，树高2.5～3.5米，该树形主干上不再着生主枝，只在中心干上着生结果组或小结果枝组，中心干上着生25～35个结果枝，以短枝和短果枝为主（图3-4）。营养枝与结果枝的比例约为1∶1.5，枝组基角70°～90°。

主干形树形幼树造形容易，投产早，适于机械化密植栽植，易于修剪。但是在南方地区，如何长期平衡树势是主要要解决的问题。

图3-4　主干形树形示意图及实物图

（5）两主枝音叉形树形

无中心干，干高0.5～0.6米，树高2.5～3.0米，由主干和2个主枝构成音叉形，2个主枝的间隔0.7～1.0米，主枝上刻芽后直接着生结果枝或结果枝组，枝组基角70°～90°（图3-5）。全树保留16～20个左右侧枝。该树形似两主枝“Y”字形树形，最显著差别在于两主枝形成“U”字形，并且为顺行栽植。

两主枝音叉形树形适宜干性过强的梨品种，投产早，产量高，适于机械化密植栽植，易于修剪。

图3-5　两主枝音叉形树形示意图及实物图

（6）“双臂顺行式”棚架树形

无中心干，主干高度1.2～1.4米，2个主枝，顺行向左右延伸，主枝上直接着生结果枝组，主枝上培养结果枝组均绑缚于架面上（图3-6）。

“双臂顺行式”棚架树形与传统棚架式树形相比易造形，易修剪，产量高，适于省力化、机械化管理。

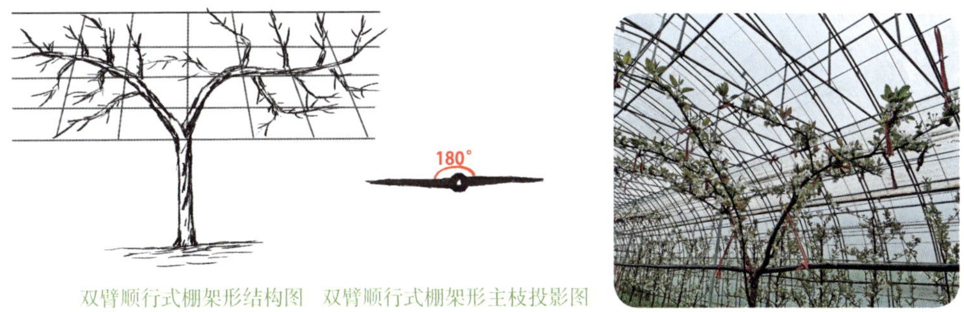

图3-6 “双臂顺行式”棚架树形示意图及实物图

2. 树形培养

（1）疏散分层形树形培养（图3-7）

第一年选留第一层三大主枝，如果当年选不出3个，冬剪回缩中心干，第二年再选留培养。于选留主枝长70厘米左右处短截，以培养副主枝。中心干延长枝最好选用第一或第二芽枝，留60～100厘米在饱满芽处短截，生长量不足时第二年接着培养。整形带内除选留中心干延长枝和主枝外，其余枝条均按辅养枝对待，采用撑、拉、压、别、圈、拿等措施开张枝条角度，疏除距地60厘米以内的枝条。

第二年（三年，指生长不足的）选留第一层主枝的第一侧枝和第二侧枝的芽位，在中心干上选留第二层的2个主枝，或确定第二层主枝的2个芽。主、侧枝枝头和中心干延长枝均在饱满芽处短截，其余枝条缓放不剪，按辅养枝对待，注意开张角度，削弱生长势，培养花芽。各级枝条的竞争枝需及时疏除和控制。

第三年继续选留第一层和第二层主枝的侧枝。前一年未选出第二层主枝的小树，在中心干上距第一层主枝0.8～1.0米处选留两个方位好、角度适宜的枝条作第二层主枝，留40～50厘米短截。中心干延长枝在饱满芽处短截，以培养第三层主枝。辅养枝、竞争枝的处理同上一年，同时注意控制产量。

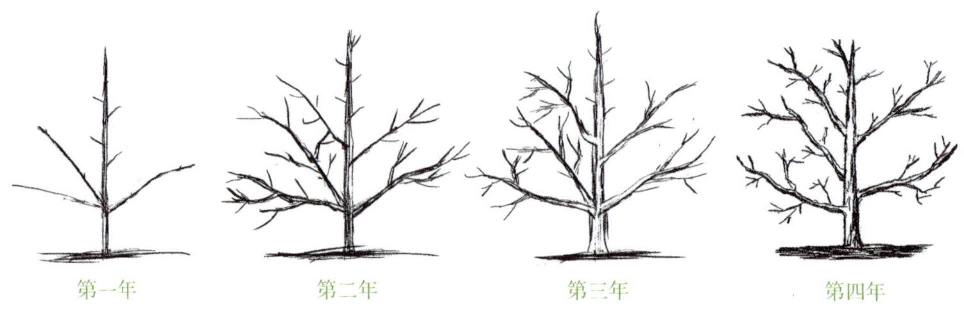

图3-7　疏散分层形树形培养

第四年至第六年继续按照树体结构特点的要求修剪，进行主、侧枝的培养，使树形达到既定目标。同时使梨园顺利进入盛产期。

（2）三主枝开心形树形培养（图3-8）

第一年春季定干高度为0.6～0.7米，在整形带有5个以上饱满芽，待新梢长到20厘米时，利用牙签开角，木质化后拿枝、拉枝来控制优势枝长势，促使主枝均衡生长。生长季整形工作及时进行。待冬季生长停止后，选留三个长势好的枝条做三大主枝，其余枝条在冬剪时疏除，三主枝间夹角为120°，基角45°～50°进行拉枝调整。主枝数不足回缩顶部主枝接着培养新主枝。

第二年春夏对主枝背上直立枝进行抹除或摘心，6月下旬到7月初对主枝延长枝进行拉枝处理，对主枝两侧的延长枝拉枝，使其与主枝生长方向呈90°夹角。

第三年及以后，继续培育主枝，并选留侧枝。成年树的修剪主要是保持主枝的先端生长优势。主枝先端衰弱时，可以适当回缩。生长势已经下降的树要改变修剪方法，首先确保预备枝，以恢复树势，剩下的枝配置长果枝。延长头“牵引力”的强弱是维持树势的关键，树不断长大，生长点变远后，需考虑及时回缩更新。主枝延长枝的顶端保持直立，侧枝延长枝的顶端保持45°。

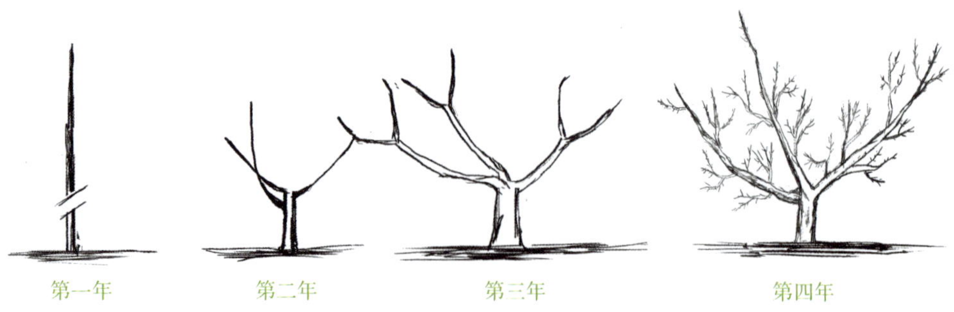

图3-8　三主枝开心形树形培养

（3）传统棚架式树形培养（图3-9）

第一年冬，大苗定植，定干高度为0.8～1.0米，开春前剥去顶芽。

第二年春，主干用支柱撑开，选留3～4个主枝，冬季对主枝修剪，帮扶支撑。

第三、四年，主枝两侧水平距离主干位置80厘米处选留侧枝，夏季对徒长枝进行处理；之后多采用拉枝培养结果枝；第四年左右更新侧枝、结果枝组。

图3-9　传统棚架式树形培养

（4）主干形树形培养（图3-10）

第一年树形培养，大苗定植后在0.5～0.6米定干，培养中心干，高于1.5米的健壮大苗定植当年可以不定干，竖竹竿绑扶固定。

图3-10　主干形树形培养

第二年萌芽前，即3月初，在中心干延长枝离地0.6米以上至顶部0.5米以下区域进行刻芽。夏天当新梢长度＞0.2米，基角＜50°，用竹签撑顶撑开枝条角度，把枝条基角撑开到70°～80°。通过扭梢、拉枝控制强旺侧枝，摘心控制、疏除主干枝头竞争枝。冬季中心干轻剪或不剪，剪除主干上0.6米以下侧枝，疏除过密枝，侧枝进行长放，并保持侧枝单轴延伸。

第三年生长季树形培养，继续刻芽、拉枝、疏枝、扭稍工作同上文所述，主干上逐步培养着生25～35个的结果枝组，冬剪时疏除过密、背上、角度过小的枝条及超过主干粗度1/3的枝组，当树体枝量少时，也可利用旺枝拉枝、撑枝削弱生长势转化培养侧枝。对于树高达3.5米的树要落头，疏除主干枝头竞争枝。以果压冠和修剪控冠相结合的方式维持树形。以后年份整形修剪工作，主要对过粗的侧枝及时疏除或超重剪后选择弱芽，培养更新侧枝，保证健壮侧枝进行生产，保持侧枝单轴延伸。3年成形。

（5）音叉形树形（图3-11）

第一年在0.5～0.6米处定干。培养2个主枝，两主枝之间水平间距控制在0.7～1.0米，支撑主枝垂直生长。冬季主枝轻剪或不剪。

第二年2月下旬～3月初，在2个主枝离地0.6米以上至顶部0.3米以下间隔0.15～0.20米处刻芽，选择向外生长的芽进行刻芽。主枝基部可以保留1～2个侧枝，作为更新辅养枝。冬季2个主枝上着生的侧枝轻剪长放，保持枝条单轴延伸。疏除竞争枝，下部内生强枝和交叉枝。

第三年在主枝上继续刻芽培养结果枝及结果枝组，结果枝间隔0.15～0.20米，结果枝组间隔0.3～0.4米。疏除过旺、过密枝条。树高控制在2.5～3.0米。冬季2个主

图3-11　音叉形树形培养

枝上的侧枝保持枝组单轴延伸，疏除竞争枝。主干过高的枝头利用其下部弱枝换头，控制主干高度在2.5～3.0米。3年成形。

第四年进入结果期，继续培养主枝上的结果枝及结果枝组，疏除直立、过旺、过密枝条，维持树形，树冠下部的结果枝组进行适当回缩，5～6年后及时更新复壮。

（6）“双臂顺行式”棚架树形（图3-12）

第一年树形培养梨苗定植后，在基部0.3～0.4米左右留短截，萌芽后选留1根直立旺枝作主干培养，立长度2.0米左右的竹竿垂直引领其向上自然生长，不摘心，当年生长要求达1.9米以上。其他枝条摘心控制。冬季离地1.3～1.4米处短截。

第二年春季，选择定干剪口附近两个较旺的新梢作主枝培养，任其直立生长，旺枝停长后长度达到1.5米以上。夏季除作主枝培养的2个枝梢外，其他疏除或摘心控梢。秋季将两大主枝左右分开呈45°斜拉上架，上架后的主枝保持与架面30°～45°，疏除主干上除两主枝以外的所有长枝，保留少量花芽结果。

第三年春季，抹除主枝背上抽生的萌蘖。夏季疏除主枝背上枝梢，对于主枝侧位萌发出的枝梢，生长季节保持其自然生长状态，对于长度达到1米，停长后呈30°的拉枝，促其当年形成腋花芽，可留少量果。冬季修剪疏除主枝上的所有背上枝；将侧枝绑缚至棚架架面上，枝先端略上翘；短截主枝延长枝至充实部位，剪口芽选择侧位芽。

第四年进入结果初期，疏除直立、过旺、过密枝条，主枝上同侧的侧枝间隔按40厘米分布在架面；短截主枝延长枝和结果枝至充实部位；先端仅保留1根延长枝，保持单轴延伸。4～5年成形。

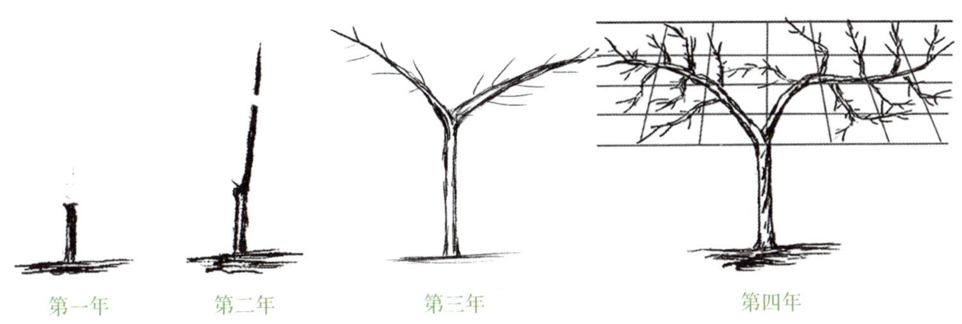

图3-12 “双臂顺行式”棚架树形培养

（二）生长季修剪

1. 修剪时间和工具

生长期修剪又叫夏季修剪，从春季萌芽开始直到秋季。夏季修剪可有效改善树体的通风透光能力，平衡树势，加速成形，促进花芽形成，提早结果，达到早期丰产和稳产的目的。夏季修剪常见工具见图3-13。

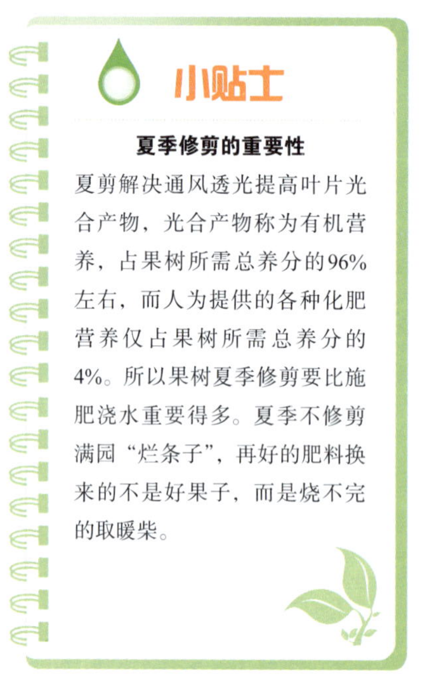

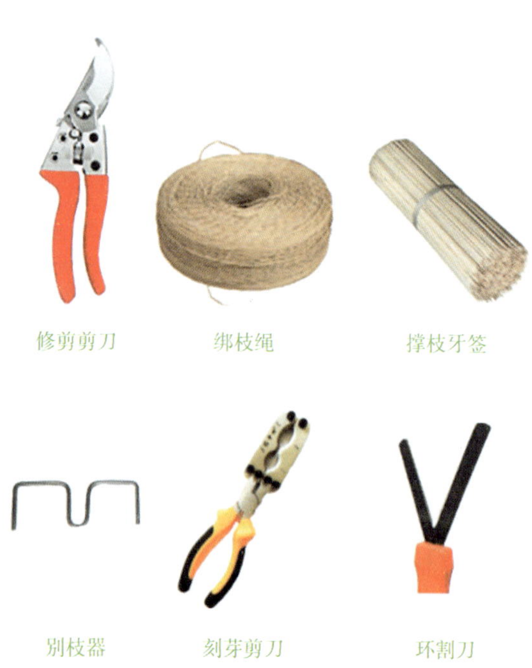

图3-13　夏季修剪的工具

2. 修剪方式

（1）刻芽

刻芽又称目伤，上海梨树一般在2月10日到3月10日刻芽为宜，在枝条芽上方或下方0.5厘米处用嫁接刀或锯条刻伤，刻伤范围达枝干周长约1/2，深度直达木质部。

上方刻芽可将枝条输送的养分阻挡停留在刻伤下部的芽上，促进下部芽萌发，潜伏芽也可以通过该方式被刺激萌发，促发新枝。应选择强壮枝条中下部侧芽刻芽，背上芽刻芽易形成背上徒长枝，弱枝上的芽不易刻伤，会导致长势变弱。常用于小树主干上促发枝条，使树体早成形。内膛光秃的品种也可以采用，基部刻芽促隐芽萌发，培养更新枝。

下方刻芽的作用与在芽上方刻芽作用相反，阻碍养分到达上部的芽，抑制该芽的营养积累，使其长势转弱，有利于旺枝中部饱满芽萌发更多的短枝和花芽。用于抑制树体营养生长，促进生殖生长，形成早期产量。

（2）抹芽

春季梨树发芽时，及时抹除不应形成枝条部位的芽。抹芽多在芽萌发时，或刚萌发但未伸长时进行，多用于疏除大枝剪、锯口附近萌发的潜伏芽，以及枝条背上、背下芽、花簇状短枝，可节省树体营养消耗，避免树冠枝条密集。

（3）摘心

抑制生长，保留生长点时可摘心。在叶片未完全展开的嫩梢处进行摘心。不同时期摘心作用不同，新梢生长初期长至20～25厘米时，进行第一次摘心，摘心后发出副梢，当副梢长10厘米时，再进行第二次摘心，促进新梢萌发侧枝。幼树期，当旺枝长到了20厘米左右进行摘心，能促进其他较弱的主枝生长，使各主枝间发育平衡。结果初期的树，春季萌发新梢，往往上部形成强枝，下部形成弱枝。当上部强枝的新梢长达20～25厘米时，进行摘心，可以抑制强枝的生长，下部弱枝就可以得到充足的养分，有利于形成结果枝组。上海地区梨树比较少用摘心这一修剪方法。

（4）疏梢

疏梢，即新梢生长前期或后期，将密集、无生长空间的新梢从基部疏除。成枝力高的梨品种，疏梢可以改善树冠内部光照条件，促使留下的枝条能够良好发育。

（5）剪梢

剪去新梢前端的一部分，通常剪掉10～20厘米，剪至半木质化部分。这样可以增加分枝，培养枝组，控制生长，促进成花。

（6）撑枝、别枝

调整枝条的开张角度和方向，牙签撑枝时间新梢长度长至20厘米左右即可开始（一般4月中旬开始，到5月上旬完成，牙签撑枝时期极为重要），选用5～8厘米竹签一端插入新梢适当部位，缓缓用力，使主干和新梢角度到达70°～90°后将另一端支撑在主干上，牙签撑枝作用是打开基角；木质化以后撑枝，可利用撑枝器选取直立枝中部进行别枝开张角度。冬季修剪可以利用修剪枝条来撑枝。上海5～6月份以后风大雨大，撑枝效果就会受影响。

撑枝可削弱枝条的顶端优势。直立枝开张一定角度使枝条在中心干上按合理角度及空间分布，同时可改变枝条激素分布，促进花芽形成。撑枝还有利于促进基部枝芽的生长（更新复壮），促进基部抽生新梢，防止内膛和下部光秃。撑枝一般对旺树、旺枝树势调节效果显著。

（7）拉枝

利用绳子、拉枝器、重物等工具将较为直立的枝条拉平或使其斜向生长，改变其开张角度或生长方向（对象当然是木质化后生长牢固的枝条）。上海传统栽培中

刻芽促枝　抹芽　摘心

疏梢　撑枝　拉枝

扭枝　拿枝　环剥

图3-14　夏季修剪方式

“拉枝”用得比较多，尤其是在日本梨种植，不同时间均可拉枝，不同时间处理作用不同，开张或调整角度，培养树形，缓和长势，促进提早成花。对多年生尤其是2～3年骨干枝也可进行拉枝，拉枝后及时观察拉枝效果，一旦枝条方向得到固定，应及时将绳子去除，以免影响梨树的正常生长。

（8）扭梢

梨树枝条半木质化时，新梢旺长期，当新梢基部半木质化时进行，上海地区5月中下旬即可开始。直立的旺梢，其竞争梢在基部5～6厘米处，用双手拿枝扭转90°～180°，使其平伸或下垂。2年生以上枝条也可以在基部竖割一刀后再扭枝。扭梢结合拉枝可以有效地控制竞争枝，缓和生长势，有利于花芽形成。

（9）拿枝

枝条已经木质化时，为了控制一年生的直立枝，竞争枝和旺枝，从枝条的基部开始用手将它折弯，听到有维管束断裂声，然后在距离上一处折弯处5厘米的地方再折弯一下，以此类推，直到枝条顶端。如果枝条长得很旺盛，可以连续数次弯折，枝条可以完成水平状或者下垂状，经过了拿枝就改变了枝条的姿势，也将顶端的树枝削弱，生长势减弱，利于花芽分化。

（10）环剥、环割

用专用环剥刀剥去旺枝的一圈韧皮部，环剥口的宽度约为枝干粗度的1/10。多风、多雨地区，环剥口应包以塑料布包扎保护。环剥用于抑制旺长，促使成花、结果。常用于控制辅养枝长势，也可以用来改造不结果的幼、旺树，在幼树密植园多用于促使早结果。南方多雨地区环剥伤口易感染干腐病、轮纹病等，注意保护伤口不受感染。环割作用与环剥一样，只是割断韧皮部而不剥下树皮。其效果不如环剥强烈，南方地区可适当应用。

修剪方式各环节示意图见图3-14。

（三）冬季修剪

1. 修剪时间

冬季修剪（休眠期修剪）在正常落叶以后、春季萌芽前进行。

2. 修剪技术

（1）短截（短剪）

剪去一年生枝条的一部分。枝条短截可促进剪口下萌发数个芽、抽生多个枝条，一定范围内短截越重抽梢越强旺。短截分为轻短截、中短截、重短截和极重短截。短截的程度，需要根据梨树树龄、长势而定。

轻短截（剪去1/5～1/4）：一般用于缓和枝条的长势，削弱顶端优势。通常用于一年生枝促生较多的中、短枝，培养各类枝组或者控制树顶直立旺枝的长势，但对背上直立旺枝缓和树势的作用不明显。

中短截（剪去1/3～1/2）：剪口选留饱满芽，促进中、长枝形成，通常用于主枝及树体骨架的培养。

重短截（剪去1/2～2/3）：剪去1/2以上长势较弱的1年生枝，使树体长势由弱变强，通常用于主、侧枝和结果枝组的更新修剪。

极重短截（枝条基部叶轮痕处）：剪口下2～3个留弱芽或芽鳞痕，促使基部隐芽萌发为1～2个中庸枝，削弱生长势，通常用于强枝换弱枝，培养中、小型结果枝组。

（2）疏剪（疏枝）

将一年生枝和多年生枝从基部剪除。疏枝主要疏除干枯枝、病虫枝、过密枝、下垂枝、无用徒长枝、竞争枝等。疏剪可改善树体的通风透光条件，降低养分消耗，促进花芽形成，增强伤口下部枝条的生长能力。

（3）缓放

缓放也叫长放、甩放，即对枝条不进行剪截。长放可缓和枝条的生长势，促进成花结果。长势过旺的树，可连续长放。

（4）回缩

在多年生枝或枝组进行短截，又

叫缩剪。缩剪多用于抬枝、压枝、转主换头、缩小树冠、处理交叉重叠大枝，以达到回缩更新、调节（分枝）角度、改善光照，抑前促后（防治内膛光秃）、控上促下的效果。

（5）其他

冬季修剪除了缓放、疏除、回缩等方式还包括撑枝、拉枝、坠枝、吊枝等（图3-15）。

小贴士

冬季修剪要点

1. 幼树（1～3年）：坚持缓放、拉枝、多留枝，“轻剪”原则——仅处理竞争枝，少动剪刀；
2. 初结果树（3～4年）：继续注重树体骨架和结果枝组的培养；
3. 盛果期树（6～8年）：打通光路，均衡树体营养和生殖生长，结果枝组复壮更新，控制花量，避免“大小年”结果；
4. 衰老期（8年以上）：及时更新复壮。

缓放

疏枝

回缩

图3-15　冬季修剪方式

花果管理

（一）授粉技术

1. 花粉制备

目前绝大多数梨属于自交不亲和品种。生产上需要合理配置授粉树，但由于气候异常会导致花期不遇或授粉不良，因此种植者需要准备花粉以备不时之需，通过人工授粉方式确保当年预期产量。

（1）花粉采集

采集花粉一般可结合疏花工作同时开展，选择亲和性良好，花期相遇，花粉量大，质量好的品种，如黄花、清香、圆黄、鸭梨、雪花梨等，也可同时采集多个品种的混合梨花粉。采花粉时间以大蕾期为宜，即在开花前1～2天采集花蕾，当天开放的花也可采摘。大蕾期花苞见图4-1。

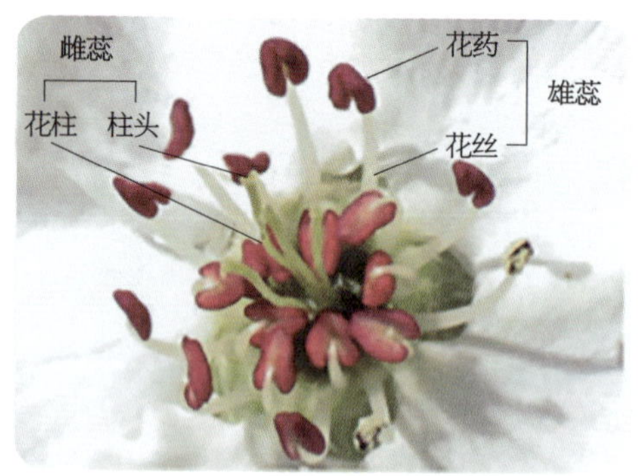

图4-1 大蕾期花苞

（2）花粉制作

花蕾和花朵采摘后，花量少的情况下可用两手各持一花，将两花相互摩擦使花瓣与花药分离，收集脱落的花药；花量大时可利用专业打花机获得花药，将花药均匀摊在光滑、干燥的纸上，置于23～25℃干燥室内，经24～48小时的阴干；黄色花粉散出，过60目细筛收集精花粉，用油蜡纸袋装后密封，埋入装有变色硅胶的干燥器中低温干燥保存（图4-2）。

（3）花粉保存

花粉制作后在零下18℃的冷冻条件下可贮藏1年，使用前在4℃中放置24小时进行苏醒，最后在黑暗干燥环境中恢复至室温，备用。

摘花蕾

花药分离（人工）

花药分离（机器）

收集花药

花粉散粉

获得精花粉

图4-2　花粉制作过程

2. 授粉方式

（1）人工授粉

人工授粉的最佳时间是在盛花期（50%以上开花）当日或是次日，选天气晴朗、无风或微风的上午9时至下午3时进行授粉，适宜气温为18～25℃。若是低于15℃的情况下花粉发芽率会减少，温度超过28℃时花粉会失去活力。阴雨天，花粉粒吸水易破裂，干旱或大风易使柱头干燥，均不利于花粉萌发。授粉应密切注意天气变化，避开这些不利气候，待天气好转，可补授多次。

授粉前将已激活的花粉与用于标识的红色花粉专用增量剂（主成分为天然石松子、食用色素）混合，混合后花粉放置阴凉处，不能与水接触，与增亮剂混合好的花粉必须当天使用完毕。

① 点授、掸授

人工点授花粉可用铅笔橡皮、软毛笔、鸡、鹅绒笔蘸取混合花粉进行点授（图4-3），蘸一次花粉可授10朵左右的花，每个花序点授第三、第四位花序的1～2朵花，间隔20厘米点授一个花序，每株点授的花量高于预期留果量的20%～30%，

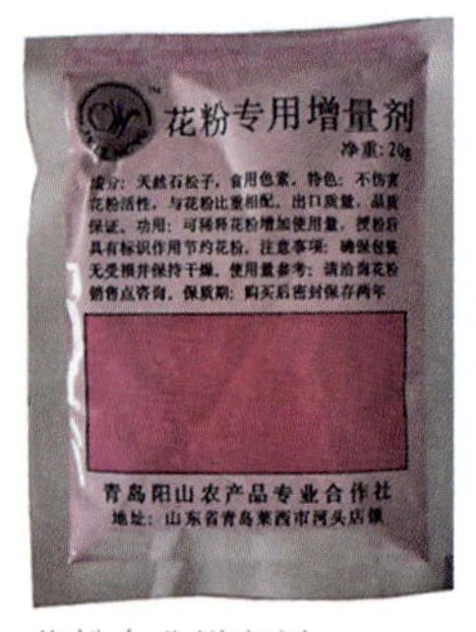

花粉专业增亮剂

梨精花粉

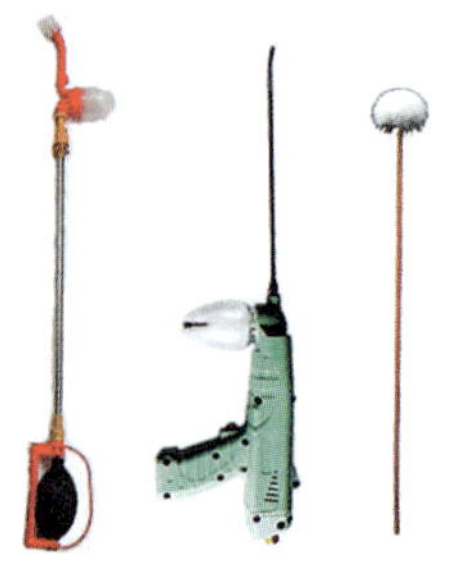
手动授粉枪　授粉笔

人工点授

图4-3　人工授粉工具

如每株留果量40个，点花量大概48～52朵。

② 液体喷粉

授粉营养液配方见附录（135页），配置好的授粉液装入电动式静电喷雾器喷2次，50%花开时喷施第1次，80%花开时喷第2次（图4-4）。

配制营养液

准备精华粉

花粉与营养液混合

喷雾器授粉

图4-4　液体授粉过程

③ 机械授粉

精花粉与专用增量剂1∶1～2混合的花粉装入授粉枪或无人机，对准有花序的枝条，枪头对准枝头自下而上喷粉一次（图4-5）。机械授粉枪比人工点授效率提高

果园工作平台

电子授粉枪

无人机液体授粉

图4-5　机械授粉方式

5～7倍，使用电动授粉枪一个工人一天（工作时长8小时）可授粉4.0～4.5亩。省力化果园利用小型液压履带式果园工作平台配合电动授粉枪授粉效率更高的，同时解决了树冠高处授粉困难的问题。

④ 高接、挂授粉花枝

在果园配置授粉品种树缺乏或不足时，可在树冠内高接带有花芽的授粉品种的枝条，以提高坐果率。通常情况下，1株成年传统三主枝开心形梨树所需花粉量要嫁接在树枝顶部的花枝数为1～2根。也可用4～5枝花蕾初放的花枝插入装水的罐子或塑料袋内挂在待授粉梨树的枝头上。高接授粉品种、挂花枝方法，在花期不遇，或花期气候不良的年份，梨坐果效果不佳，仍需要进行人工辅助授粉。因此，花期需时刻关注天气情况，作出决断。

（2）放蜂

① 放蜂适宜温度

蜜蜂（和壁蜂）授粉可节省劳动成本的同时还可以有效提高坐果率。但是蜜蜂活动容易受天气环境影响，气温在15℃以上，方能正常活动，其活动力随着温度的升高而加强，但达到28℃以上时则明显减弱。壁蜂则在12℃以上便开始活动。

② 放蜂前准备

放蜂前施药。放蜂前10～15天左右进行杀菌剂、杀虫剂的喷施，并清除梨园所有与农药有关的物品，等药味没有之后再运蜂进场，一旦放蜂后则不能进行药剂的施用。

壁蜂蜂箱、蜂管制作。蜂箱可用砖泥或塑料制作，以长方形或正方形为宜，宽约40～50厘米，高50厘米左右，前面作为放蜂口不封闭，其余各面封闭起来，箱口朝西南。壁蜂管通常用直径0.6厘米的塑料管及芦苇管，并按照放蜂量的2.0～2.5倍数量准备。每30米×30米放1箱壁蜂，100根管子/箱，2只/管。用胶带十字交叉固定。可以将蜂群分组排列在地中央或地边缘，切记不要放在公路旁。

出去工作

辛勤工作

回家休息

图4-6　壁蜂授粉

小贴士

放　蜂

壁蜂比蜜蜂的果树访花速度快很多，角额壁蜂每分钟访花10朵～15朵，日访花量可达6 000朵以上。而蜜蜂每分钟访花5朵～8朵，日访花仅720朵，壁蜂传粉能力是普通蜜蜂的70～80倍。

养蜜蜂很方便

蜂茧、塑料或芦苇蜂管、一体式壁蜂蜂巢均可在网上购买。

生产上可购买商品壁蜂茧及茧盒，将它们一同放入蜂箱，待滞育期结束后，温度在12℃后孵化为成虫，在田间工作。每个茧盒约放200～300只蜂茧。

③ 放蜂授粉

在初花期前6～7天开始释放壁蜂（图4-6），开花期分2次放蜂，间隔2天，傍晚放蜂，让壁蜂有一个逐步升温的适应过程。由于梨花泌蜜量少，所以在授粉期间要对蜂群进行奖励饲喂，每群蜂隔1～2天左右喂200～400毫升的糖水，水和糖水比例为1∶1。这样不仅能刺激蜂为梨花授粉，还有利于蜂群繁殖，在盛花期间可以往梨花上喷洒稀蜜或糖水，这样能诱导壁蜂积极授粉。

（二）疏花疏果

1. 疏花

梨树的芽分为叶芽和花芽（混合花芽）（图4-7）。叶芽的芽体比较瘦小，在萌发后只抽生枝条和叶片。花芽的芽体较肥大，萌发后会开花还能抽生枝梢。花芽又分为顶花芽和腋花芽。顶花芽着生在枝条的顶端，开花早，坐果率较高；腋花芽则着生在一年枝条腋间，它们的结果能力因品种而异，果台枝连续结果能力差的品种，可以培养长枝腋花芽结果。

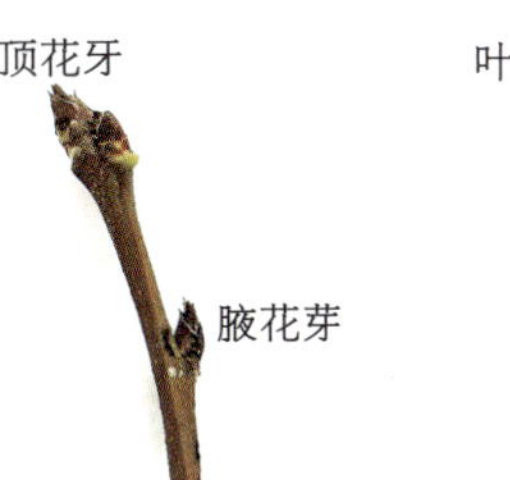

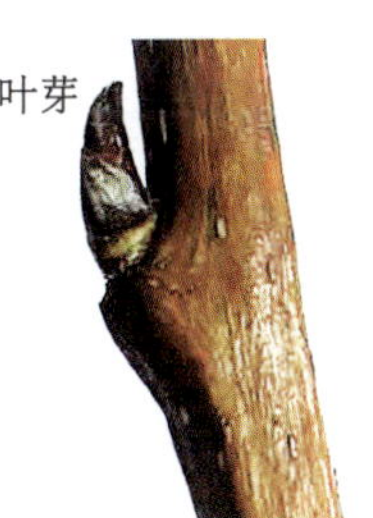

图4-7　芽类型

小贴士

腋花芽长枝的处理方法

正确做法：大量腑花芽着生的长枝，应该不剪，以疏花为主，少留腋花芽结果，第二年会形成饱满花芽，持续稳产。

错误做法：大量腋花芽着生的长枝，短截，只保留2、3腋花芽。不但枝轴变短，保留的腋花芽叶量少，长不了大果。而且短截后，会抽生2～3枝条，难以成花，浪费营养，果树密闭。

（1）疏花芽

疏花芽一般可在冬剪的时候进行。势弱的幼树可多疏除花芽，控制生殖生长促进幼树树冠形成。结果盛期的梨树花芽过多时，也可疏除过多的花芽，春季进行复剪，再次疏除花芽。疏花芽时应注意预估当年花芽量，生产实际中，以每20～25厘米留一个花芽的密度为宜。梨一般保留中、短结果枝上的饱满顶花芽，疏除多余花芽（老弱小丛生花芽，腋花芽），产量少的年份也需要适当保留腋花芽，如早生新水、沪晶梨18号梨、丰水梨等以腋花芽结果为主的梨品种。枝叶量少的品种只疏花芽，保留叶芽，注意辨别。

（2）疏花

上海地区疏花（疏花序）工作一般在4月初花序分离至盛花期进行，宜早不宜晚。疏花原则：梨树的花序是伞房花序，一般疏除中间花，留边花，第2～4序位最好，留短果枝的花，留长枝中部的花（图4-8）。

图4-8　疏花（疏花序）

生长弱、花量大的梨树通过疏花是提高树势，保持稳产优质的一个重要管理手段。

2. 疏果

疏果是花果管理中最为重要的环节，是克服“大小年”，保证优质商品率的关键。

（1）人工疏果

疏果宜在谢花后15天左右开始进行。疏果原则：疏畸形果、病虫果、萼片宿存果，小果，无叶果；留大果和健康果；疏中心果，留边果；省力化树形尽量留近骨干枝的果，尤其是主干延长枝上直接着生的短果枝果，疏远离骨干枝果，侧枝顶部先期留果用于压冠，以后视情况确定去留。留果量应比实际载果量多20%，最后在定果时疏除多余的果。原则上每一花序留1～2个果，果距保持20～30厘米。后期疏果应采用专用疏果剪来剪除，忌用手拉拽，以免弄伤果台（图4-9）。

图4-9　人工疏果

（2）化学药剂疏果

利用植物生长调节剂处理幼果可有效疏除梨果实，化学疏果速度快很多。但不同年份，化学药剂疏果效果不太稳定，种植户需先试后用，谨慎使用（图4-10）。

图4-10　化学疏果

（三）合理负载

1. 过度负载的后果

在正常的管理下，成龄梨树的花量、果量会远远超过目标，疏果工作不到位，负载量过大会出现大量小果。负载量过大，还会引起树势衰弱，抗病能力下降，导致树体出现“早衰”的现象，即使肥水充裕，果实大小和品质也不会有显著提升。因此过渡负载会对梨树产能造成不可逆转的伤害。

2. 合理负载量

合理负载量是梨树连年优质稳产的保证。合理的负载量既可使当年有适量的产量，又能形成足量的花芽，克服大小年结果现象。

3. 合理负载量的确定

合理负载量可根据树干横断面积、叶果比、梢果比、间距法确定。

图4-11　合理负载量

合理负载量可按树干（距地面30厘米处）的横断面积计算，干横断面积=0.08×干周^2（厘米），以单位平方厘米横截面上留果1.5～2.0个。

合理负载量按叶果比，省力化密植树形，按叶果比为25～35∶1，梢果比为2～3∶1；传统三主枝开心形盛产树，按叶果比为50～55∶1。

合理负载量按间距法，大果型品种（＞250克）每20～30厘米留1个果；中果型品种（＞200克）果间距20～25厘米留1个果；小果型品种（＜150克）果间距15～20厘米留1个果。

生产上合理负载量的确定在冬季修剪时便已开始，综合树干横截面积及具体生长情况初步定果，根据预定果量，倒推确定冬季修剪枝梢留量，生长季及时通过疏果、修剪最终合适留枝定果是梨树修剪的核心内容（图4-11）。

（四）果实套袋

1. 果实套袋的重要性

果实套袋技术最早源于20世纪60年代的日本。果农为了防止病虫害侵染果实，减少化学农药使用量发明该项技术。随着科学技术的发展果袋制造工艺有了显著的提升，套袋技术成为我国绿色果品生产的有效手段。

（1）减少多种病害的发生

套袋后外界与果实有了物理阻隔，一般的病虫害无法传播侵蚀。果袋对在果表和叶片上产卵的蛀果害虫（梨小食心虫、吸果夜蛾、卷叶虫类、蜗类、蚜虫、绿盲蝽等）、大金龟子、大蜂类等具有良好的隔离作用，还能有效预防梨果被轮纹病、炭疽病、黑星病等病害侵染。

（2）减少果实化学农药的施用量

果袋不仅防止了灰尘、杂菌，还减少了化学农药的残留。坐果后及时套袋，直至成熟后采收，果实均不再直接接触化学农药，全年可减少2～4次打药次数，有效减少果实农药残留量。经测定，套袋果实农药残留量仅为0.045毫克/千克；而不套袋果为0.23毫克/千克，是绿色果品生产的有效保障。

（3）提升果实外观品质

隔离环境污染。梨果套袋后隔离了环境中的雨水、冰雹、强光的污染物侵扰及机械摩擦、药斑等不利因素，延迟及抑制了果点和锈斑的形成，提升了果面洁净度，提高了果实的商品价值。

改善果皮色泽。通过套袋改变了阳光的光强和光质组成，从而使果面色差一致，更加符合高档果品的要求。例如，易形成果锈的品种翠冠梨套外黄内白果袋后果皮锈斑显著较少，果皮呈光洁的翠绿色（图4-12）；褐色梨品种早生新水、沪晶梨18号果实套外黄内白或外黄内黑双层果袋均会使果皮颜色变浅，呈半透明状态的黄褐色，故称“水晶梨”；黄冠梨套外黄内黑果袋后果皮呈金黄色，显著提升了梨果的外观品质。

图4-12　翠冠梨锈斑形成关键期

提高梨的优质果率。因套袋前必须严格疏果，提前剔除病虫、损伤果，选留位置佳，最大，最好的果进行套袋，通过统计套袋率得知最精准的留果量，评估当年产量。按正常栽培管理，可确保套袋的果都能长成合格的商品果，优质果率应达90%以上。

（4）延长果实的贮藏期

梨果套袋后，大幅度减少了生物包括病、虫、鸟对果实的危害，同时减少了风、农事操作对果实的机械损伤，有效降低了生产中果实中的烂果率。

采收时果袋随果实一同采收，增加了机械采摘、分拣、分级的机械缓冲力，减少了果实的机械伤害，利于贮藏。

果实冷库保鲜果袋一定程度减少了果实的失水量，另外，由于果实袋对光谱波长的选择性适应了梨果的需要，使其出库后表皮不易变褐，延长了货架寿命。

2. 果实套袋时间

绿皮梨一般落花后15～20天开始套袋，落花后40天内结束套袋工作。为获得果皮光洁、漂亮的果实可进行二次套袋。绿皮梨易形成果锈的品种应尽早套果袋，上海地区露地栽培翠冠梨落花期15～20天果点开始栓化，增大，进行第一次套袋，套蜡质白色小果袋有效抑制锈斑形成；一般在落花后30～35天果皮形成点状锈斑，随着果实发育锈斑逐渐增大，进行第二次套袋。

褐皮梨套袋晚，但梅雨季前需完成套袋工作，过晚会增加果实套袋前感染病菌的风险。

3. 果袋选择

（1）果袋的质量基本要求

选择信誉良好，正规生产厂商生产的专用果袋（图4-13）。

选择质量优良的果袋，袋口要附有捆扎铁线，袋底部两侧设有通气、防水口，便于通气和雨水及时流出，避免袋中积水，加剧果锈和其他病害的发生。遮光性好，柔软透气，防雨抗风，经雨水淋湿后不易变形、不破损、不开胶、不脱蜡，透气易于干燥。

（2）果袋规格及类型的选择

根据品种、果实大小、果皮色泽、摘袋后要求的果皮色泽等选择相应的果袋。

根据果实平均单果重，200克以下的品种应选用16.0×19.8厘米的果袋，200～300克的梨品种应选择17×21厘米的果袋，300～400克的梨品种应选用18×22厘米的果袋（图4-14）。

绿皮梨品种（翠冠、翠玉、苏翠1号）一般选择外黄内白双层袋、外黄内黄双层袋、单层黄袋，套袋后保留原品种的绿色，果皮细腻、美观，选择第一次套白色小蜡袋，第二次套外黄内黑双层袋，套袋后果皮多为乳黄色或金黄色；褐皮梨品种（早生新水、丰水、秋月、圆黄等）一般选择外黄内黑双层袋，套袋后果皮由褐色、粗糙变为淡、黄褐色，细腻。

图4-13　优劣果袋套袋后果实外观

F-PK2 7.5 cm 10.5 cm 单层幼果小袋

NK-15 15 cm 18 cm 单层白袋

1-KK 19 cm 16 cm 单层黄袋

1-KW 19 cm 16 cm 外黄内白双层袋

1-LP 19 cm 16 cm 外黄内黑双层袋

1-LP 18 cm 15 cm 外黄内红双层袋

图4-14　果袋类型

4. 套袋方式

（1）套袋前准备

① 病虫害防治

落花后至套袋前喷1～2次安全、高效、低毒的杀虫、杀菌剂，重点喷洒果面，等到药液干燥之后即可进行套袋，如果在喷药后5天内套袋工作仍未结束需要再喷药1次。对于蚜虫、梨木虱、梨瘿蚊等害虫，可选用吡虫啉、高效氯氰菊酯等药剂交替使用；对于梨锈病、黑星病等，既要有保护性杀菌剂，也要有治疗性杀菌剂，可选用戊唑醇、甲基硫菌灵、多菌灵、代森锰锌等交替使用。建议优先选用水剂、水分散粒剂，慎喷波尔多液及其他铜制剂，慎喷对果皮有刺激和污染作用的乳油型杀虫剂，特别是一些有机磷杀虫剂，如辛硫磷、蚜灭磷、杀扑磷等以免引起药斑。

② 适当施用微肥提高果实抗性

梨树裂果、鸡爪病等都是由于缺少某种微量元素所引起的生理性病害，而套袋前是施用微肥的重要时期，可结合防治病虫害有针对性地喷施微肥。对缺铁引起的黄化病可喷布EDTA螯合铁；对于预防鸡爪病、裂果、疙瘩梨等缺钙性生理病害，幼果可选喷用0.3%～0.5%硝酸钙、0.5%氯化钙、0.3%过磷酸钙、0.3%～0.4%氨基酸钙，补钙的同时加入0.1%～0.5%硼砂（或硼酸）或瑞培硼2 000倍液，可提高养分吸收率。幼果慎用硫酸亚铁、硫酸铜，硫酸锌、磷酸二氢钾铵，以免刺激果面，造成肥害。

（2）梨果规范化套袋方法

① 潮袋

套袋前1～2天将整捆果袋的袋口部分放在水中浸湿，以利于套袋操作和扎严袋口。潮湿的果袋用塑料袋包密封好，套袋时仅拿出一部分果袋，以免果袋蒸干难捻开。

② 套袋

套袋时，捻开袋口，一手托袋底，另一手伸进袋内撑开果袋，再捏一下袋底的两角，使两个底角的通气孔张开，并使整只果袋鼓起呈球状（图4-15）。然后，一手执果柄，一手执果袋，从下往上把幼果套入果袋内，果柄置于袋中间的切口处，使果实位于袋体的中间。最后，同将袋口折叠式收拢，用铁丝扎严固定在果枝上，切勿扎在果柄上。上海春、夏季常有大风天气容易吹松甚至吹落果袋，果袋绑扎过松易使雨水进入果袋，对果面造成刺激。套袋顺序为先树上后树下、先内膛后外围，以防止套袋过程中碰落已套好的果袋。套袋时尽量使梨果在树体上分布均匀，切记不可1袋套多个果。

（3）套袋后肥水管理

套袋后灌水、施肥均需少量多次，促进果实发育的同时，避免大肥、大水导致果皮皲裂。高温干旱时，应及时灌水，或行间生草、树盘用草、秸秆覆盖，改善果园生态环境，防止袋内果实温度太高，出现日灼伤害。

撑开果袋

果柄卡在U形口底

从两端向中间折叠捏紧

果袋套好后撑开果袋

图4-15　梨果规范化套袋方法

五
土肥水管理

（一）土壤管理

1. 果园清耕法

（1）技术要点

清耕法是指梨园株、行距间不间作任何农作物或绿肥牧草作物，使土壤保持疏松和无杂草的状态的土壤管理方法。清耕法是我国传统梨园土壤管理方法。

一般在秋季对梨园进行深耕或在早春、夏季多次中耕及浅耕除草，它可使土壤保持疏松通气并保持无杂草状态。秋季深耕一般深20厘米，生长季节中耕和浅耕，深度一般以5～10厘米为宜。

（2）优缺点

适当清耕可使土壤微生物活跃，有机物质加快分解，土壤之中的养分生物有效性较高。长期或多次中耕除草后，会加速土壤有机质的消耗而得不到补充，会引起土壤肥力下降，且易引起水土流失和风蚀，山地、坡地和沙地梨园尤为明显。当劳力缺乏时，梨园不能及时中耕除草，会形成“草荒”，一是加重杂草与梨树竞争水、肥的矛盾，二是不利于梨树病虫害的防治，现代梨园在生长季采用除草剂替代人工控草。采用清耕法的果园应注意增施有机肥。

（3）适宜情况

清耕法在国外梨园管理中已很少采用。我国不少果园的土壤管理已向生草法转变。清耕法仅适合在北方干旱区严重缺水的果园和一些山地果园。清耕法可适用于幼树园的土壤管理，适当清耕避免杂草与幼树苗争夺阳光和养分，幼树园不可使用除草剂，适当清耕栽培可疏松表土层，改善通气性，促进幼树根系生长。

2. 果园生草法

（1）技术要点

梨树行间种植多年生豆科或禾本科植物等或者自然生草，全年进行多次刈割，覆盖在树盘附近或饲养牲畜。

草种选择原则。选择株形矮小，有一定的产草量和覆盖效果；根系浅为好；与梨树没有共同的病虫害，不是梨树害虫和病菌的寄生场所；同时易于管理，耐践踏；适应性强，耗水量较少。不同地区气候和土壤类型不同，生草的种类存在差异。南方梨园草种可选黄花苜蓿、紫云英、鼠茅草、白花三叶草、黑麦草（图5-1）。当然生产中也有不少果园采取了自然生草法，需要对恶性杂草及时进行清除。

播种时间。黑麦草、鼠茅草、苜蓿类植物最适生长温度为19～24℃，上海一般在9～10月份播种。

生草园管理。墒情好的梨园建议采用行间直接撒播草种生草，树下覆盖的生草模式。生草初期应注意加强水肥管理，及时清除田间杂草。果园生草，应控制其长势，适时刈割（用镰刀或割草机），当年生草的果园，一般最多刈割2～5次，刈割时，注意留茬的高度，一般留5～10厘米。上海梨园一般全年割草4～5次，分别为5月上旬、6月上中旬、7月上中旬出梅之后果实采收前、8月下旬果实采收后，分别刈割1次，割下来的草覆盖于树盘四周，起到保墒、改良土壤的作用。具体可视草生长情况灵活掌握。

梨园生草——黑麦草

梨园生草——自然生草

梨园生草——苜蓿

梨园间作——油菜

图5-1　梨园生草和间作

（2）优点

① 提升土壤养分含量

果园生草后，土壤动物变多，它们对于枯枝、落叶、落果脱落的树皮等起着粉碎的作用，还有搅拌混合作用，草与土壤无机质部分混合，使土壤变成适合果树生长发育的状态。据试验显示，连续种植5年白三叶草和鸭茅，土壤有机质从0.5%～0.7%提高到1.6%～2.0%。在土壤氮不足的情况下，种植豆科作物如黄花苜蓿、三叶草、草木樨、毛叶苕子等，可以有效提高土壤的有效氮含量。由于草对磷、钙、锌、硼、铁等营养元素的吸收转换能力很强，从而提高了这些元素的生物有效性，所以生草果园果树缺磷、缺钙病症较少见，并且果树的缺铁黄叶病、缺锌小叶病、缺硼的缩果病等也不多见。

② 改良土壤，保持土壤墒情

果园生草后可以形成一定的地表覆盖，减少阳光辐射和表层土壤水分的蒸发。就地下而言，草在地下形成密密麻麻、错综复杂的根系，可疏松土壤，使团粒结构更好，蓄水保墒能力变强。在沙质土壤的果园，果园生草后形成了致密的地面植被，可固沙固土，减轻降水对土壤的冲刷，减少地表径流，大幅度降低水分、养分和土壤的流失。生草后的果园可以减少行间土壤水分蒸发，调节降雨中地表水的供应平衡，生长旺盛时刈割覆盖树盘形成覆草保墒。试验数据表明，在生草覆盖的条件下，土壤水分损失仅为清耕的1/3，覆盖5年后，土壤水分平均比清耕多70%。

③ 改善梨园小气候

果园生草在春天能够提高地温，促使根系较清耕园进入生长期提早15～30天；在炎热的夏季降低地表温度，保证果树根系旺盛生长；进入晚秋后，增加土壤温度，延长根系活动1个月左右，对增加树体贮存养分，充实花芽有良好的作用。

④ 提升果实品质

研究者发现梨园连续生草30多年，梨成熟前割草，有利于果实着色和糖度的上升。另一方面，清耕管理的梨园果实容易发生高温日灼，果园生草后梨园相对凉爽，能有效避免和防止以上情况的发生，提高果实外观品质。

⑤ 梨园持续生草可抑制园内其他杂草和恶草的生长，减少人工除草的用工成本，常见的梨园恶草见图5-2。

（3）缺点

梨园生草存在与果树争水、争肥、争光的关系。

图5-2　梨园恶草

生草的果园生物多样性增加，它既为病虫害提供了庇护场所，也为有益昆虫和其他动物开辟了生长繁育的活动场所，果园的生物群落更加丰富，其活动规律也更为复杂，因此病虫害的防治工作要做相应的调整。如梨园种三叶草后，春季蜗牛多、夏季红蜘蛛多，生草还使田鼠和天牛的数量增加。有些果园间隙地的植物如汉防己、木防己还会增加夜蛾幼虫的数量，生产中要灵活运用有害生物综合治理，注意天敌的保护和利用，压低病虫指数，将其危害程度控制在经济阈值之下。

（4）适宜情况

年降雨量在450毫米以上或具有一定灌溉条件的梨树栽植区，是实施生草法的适宜区域。

3. 果园间作法

（1）技术要点

果园间作是指在果园行间种植作物，以充分利用土地空间和光能，并对土壤起到覆盖作用。果园行间以种植矮秆、短期生长的经济作物，提高早期梨园产出。例如：大豆、麦子等。

选择适宜间作物具备的特点：生长期短，吸收水分和养分量少；植株矮小，不影响果树光照条件；能改良土壤结构，提高土壤肥力；应注意间作作物与梨树没有共同的病虫害，亦不是病虫的中间宿主；秸秆易腐烂，肥力高，可充当绿肥。梨园常用的间作物有：油菜、花生、豆类、小麦、甘薯、草本药材、绿肥植物等。

（2）优点

① 合理经济利用土地

新建梨园幼树主要以营养生长为主，1～3年内没有产量或产量很低，幼龄果树树冠投影面积小。在幼龄果园中实施立体间（作）套（种），可使果园土地有效覆盖面积增加55%～75%，从而提高果园光能利用率，提高生物产量。

② 合理利用高低空间落差

果树树冠距离地面的高度一般在50～70厘米，而间作物所占的垂直空间多数低于果树树冠高度。因此，在幼龄果园合理间作蔬菜、黄豆、蚕豆、油菜等经济作物，或者种植黄花苜蓿等绿肥作物，既不影响果园的通风透光和光热资源利用，又可充分利用果园有效空间。

③ 肥水合理分配利用

由于梨树属深根性植物，一般吸收20～60厘米土层的养分，而间作作物大多根系浅，只分布在土壤耕作表层的15～30厘米处，两种作物吸收区域分布不同，合理有效地利用土壤中的养分、水分。果园间作经济作物，施肥灌水时期如能与果树结合，可提高肥水利用率，减小前期地面水分蒸发，达到保墒增温效果，同时种植绿肥牧草深翻入土可达到增加果园土壤有机质。

④ 改良果园土壤结构

很多豆科类间作作物的根系具有较强的固氮作用，可提高果园土壤含氮量。间作物收获后将枝叶埋入树冠下，腐烂后能增加土壤通透性和提高有机质含量，改善土壤结构，而且有较好保持水土、蓄积墒情，防水土流失的作用。

（3）适宜情况

果园间作主要适于幼树园。

4. 果园覆盖法

（1）技术要点

利用各种有机材料或无机材料在梨树树盘、梨园的行间土壤地面进行覆盖的方法。覆盖物可分有机和无机两大类。无机材料包括：膜质材料、非膜质材料和土壤表面膜制剂。有机材料包括：杂草、秸秆、间作物留茬。目前，常用国产薄膜种类有高压聚乙烯、低压聚乙烯、线性高密度聚乙烯、线性与高压聚乙烯共混膜等。我国梨园覆盖普遍采用秸秆覆盖和薄膜覆盖综合利用的方式（图5-3）。

①秸秆覆盖法

在树盘下或果树行间的土壤表面上，覆盖厚10厘米左右的秸秆或杂草等。覆草后一次灌透水，利于覆盖材料腐烂。秋季施肥时，将腐烂草埋入地下，没有腐烂的草继续留用。土壤追肥时，扒开覆草，多点穴施。连续覆草3～4年后，于秋季深翻一次，再重新覆盖。每亩覆盖1 000～1 500千克秸秆，相当于亩增施2 500～13 000千克优质有机肥。

②薄膜覆盖

利用透明或有色地膜覆盖在树行或树盘的一种覆盖方法。黑色地膜覆盖可以控制杂草生长，银灰色膜可驱避蚜虫，上述地膜使用寿命短，易于破损。目前生产上广泛使用网眼状的黑色地布（使用寿命3～5年）代替地膜，防控杂草效果好。梨树盘1.0～1.2米宽，高出地面10～20厘米，萌芽前浇水后在其上覆地膜，四周及中间用土压实，在薄膜上覆土2～3厘米，施肥穴上方的地膜上穿一小孔，利于施肥浇水或承接雨水。小孔上压一小石块，以防水分蒸发。视天气干旱情况，可间隔10天由膜孔灌水浇水1次，追肥也可将地膜撤除，施肥后覆膜，若有地膜损坏，应及时更换。薄膜覆盖技术分人工覆膜和机械覆膜两种。早春（3月中下旬）地膜覆盖，保水保温，利于根系生长，可以阻止食心虫、金龟子和鳞翅目害虫等的越冬虫态出土。以保墒为目的的地膜应在降水量最少、蒸发量最大的季节之前进行；以促进果实着色和早熟的地膜覆盖，一般应在果实正常成熟前1个月时进行全园覆盖。

（2）优缺点

果园覆盖优点在于使用后使40厘米土层内的吸收根数量增加；防止水土流失，保持土壤水分，减少地面蒸发和雨季地表的径流；稳定土温，夏季降低表土层温度、冬季提升土温；防止杂草生长，节省除草用工；连续覆盖，增厚沃土层、提高有机质含量和有效养分含量。覆盖的缺点是引起果树根系上浮，如去除覆盖物，根系易受冻害；低洼地覆盖，雨季土壤过湿发生根系涝害；覆草易遭受鼠害，覆盖地膜容易在机械通行时破损，造成环境污染。

（3）适宜情况

梨园覆膜适宜在土层较薄、干旱或无灌溉条件的园地。

秸秆覆盖

薄膜覆盖

图5-3　梨园覆膜

（二）施肥管理

1. 梨树的需肥规律

梨树在不同的生长阶段对氮、磷、钾元素的需求量有所不同。梨树在萌芽开花期，主要利用树体内贮存的养分，而吸收土壤养分不多。在一年中需氮有两个高峰期，第一次高峰期在5月新梢旺长期；第二次高峰期在7月果实迅速膨大期和花芽分化期。全年梨树磷元素需求变化不大，只在5月新梢旺长期有一个小高峰。梨树需钾也有两个高峰期，时期与氮相同。在果品采收后，梨树对养分的需求量迅速减少，到落叶前这段时期，部分养分回流至树干及根部，将有机营养贮藏，是施基肥的关键时期，为来年生长发育提供养分准备。

2. 施肥管理原则

（1）以有机肥为主无机肥为辅，有机无机相结合

增施有机肥料，实施梨园生草、覆草，培肥土壤；土壤酸化严重的果园施用石灰和有机肥进行改良。秋季必须坚持早施有机肥，上海最迟在10月前施入基肥，早施基肥有利于果树积累养分、恢复树势、促进花芽分化。

（2）科学平衡施肥

依据梨树叶片营养水平、梨树生长状况以及梨园土壤肥力条件，应逐步由施用单质肥（主要是含氮化肥）改为施用多元素的复合肥或果树专用肥，有针对性地补充果园土壤中各种营养元素的亏缺和保持各营养元素间的平衡。可根据上海梨园土壤营养水平，适当减少氮、磷肥用量，增加钾肥施用，通过叶面喷施补充钙、镁、铁、锌、硼等中微量元素。弱树多施氮肥，适当少施磷、钾肥，中庸树施入氮、磷、钾肥比例适当，旺树要重施钾肥，严格控制氮肥。

（3）经济有效施肥

避免盲目施肥或经验施肥，通过计算以产定肥，进而实施精准用肥，即通过对树体和土壤分析诊断，预测产量，土壤天然供肥以及肥料当年利用率等，算出各种营养元素合理平衡施用数量和搭配比例。

3. 秋季施基肥

秋季沿定植行单侧开挖深40～50厘米，宽40厘米的沟施肥覆土，也可采用在1.0～1.5米的树盘处表面施肥后翻地。施肥的位置要轮换，如环状、全行长沟状、树盘内撒施后刨盘翻入等交替使用（图5-4）。

图5-4　秋季施基肥

亩施腐熟的农家有机质肥2 000～4 000千克和25～50千克过磷酸钙，或株施商品有机肥7～25千克，具体施入量根据当年产量而定。亩产4 000

千克及以上梨园亩施农家有机肥3 000～4 000千克和50千克过磷酸钙，或株施商品有机肥40～50千克；亩产2 500～3 500千克的梨园亩施农家有机肥2 500～3 000千克和40千克过磷酸钙，或株施商品有机肥20～25千克；亩产1 500～2 500千克的梨园亩施有机肥2 000～2 500千克和25千克过磷酸钙，或商品有机肥10～15千克；亩产1 000千克及以下的梨园亩施有机肥1 000～2 000千克和20千克过磷酸钙，或商品有机肥7～8千克/株。

4. 合理追肥

（1）幼龄树追肥

幼年的树苗可以分别在萌芽期、新梢生长旺盛期、新梢停止生长后分别进行施肥。每次的施肥以速效的氮肥为主，每亩应施氮肥8～10千克，适当施入磷肥2～3千克。

（2）成龄树追肥

花前追肥：多在早春后开花前施用，能促进萌芽，使开花整齐，减少落花落果，促进新梢健壮生长，施用的肥料以氮肥为主，若基肥的施用量较高或树势强健，花前肥可不施。

萌芽肥：亩施三要素复合肥10千克。

果实第二次膨大前期：亩施硫酸钾15～20千克/亩和尿素5千克/亩。

采收肥：亩施氮肥，尿素5千克。也可根据产量在一次性在果实采收前4周按照每产50千克果沟施3千克梨有机—无机专用平衡肥。2～3年测定梨园树冠投影下土壤及梨成龄叶片营养状况水平，参照梨树生长发育所需的营养水平标准值，及时调整施肥方案确保科学平衡施肥。

图5-5　科学施肥

砂梨品种对肥水条件要求高，要形成以施腐熟有机肥为主，适量补充化肥为辅的格局，或以有机肥为主，施有机肥时结合施长效肥，生长前期深施适量追肥。有机栽培梨园追肥不能使用化肥，可以施腐熟的有机质液态肥作速效追肥（豆饼、粕，符合绿色食品卫生要求的大型有机牧场处理发酵的液态肥料）。

（3）根外追肥

根外追肥依据梨树生长发育状况，在幼果期及果实膨大期结合喷药进行根外叶面肥的喷施，叶面追肥浓度应控制在0.1%～0.3%。缺乏硼、锌、铁等元素的梨园可用0.2%硼砂溶液、0.2%硫酸锌＋0.3%尿素混合液或0.3%硫酸亚铁＋0.3%尿素溶液于发芽前至盛花期喷施2～3次，隔周一次。

（三）水分管理

1. 梨树的需水规律

梨树生长周期的不同发育阶段对水分的需求不同。3月开始梨树进入萌芽期，树体需水量逐渐增大；4中旬～5月为新梢生长期，幼果发育期需水量显著增多；5～6月幼果发育膨大，花芽分化开始分化，枝叶生长旺盛需水量多，该时期为梨的第一个耗水高峰期即梨树需水临界期（需水敏感期）。第2个耗水高峰期出现在6月下旬～7月中旬迅速膨大期，为全年生长季节内需水最高值，即最大需水期。7月下旬～8月上旬开始果实逐渐成熟期，接近采收期，果实需水量逐渐下降，为保证果实品质需停止浇水。

2. 灌溉时期

萌芽期开花前灌水（3月中下旬～4月上旬）。萌芽前至开花前灌水，能促进萌芽、开花，新梢的生长，促进叶片生长，提高光合作用。雨水多的年份该时期一般无须浇水。

新梢旺长期灌水（5～6月）。梨树进入新梢旺长和幼果发育期，此时是树体的需水临界期，及时灌水，可以防止落果，加快果实膨大，促进花芽分化。而花芽分化期可适当控水，则可抑制新梢生长，促进花芽形成。雨水少的年份该时期需要及时浇水。

果实膨大期也是花芽分化关键期（6～7月）。该时期同时进入需水高峰期，水分的多少决定果实大小及品质优劣。果实膨大前期如果干旱缺水，特别是持续时间太长果个变小，后期即使供水，也难保果实的大小。进入果实膨大中期，满足其水分的需要，可增大果个，提高产量。适当控水可以促进花芽健壮分化。

果实采收时（7月下旬～8月上中旬）梨子采前15天控水，能提高果实含糖量，

改善果实品质。

采果后（8月下旬～9月）结合施基肥灌水，可促进土壤中肥料的分解，刺激根系旺长，有利于土壤中养分回流到树体，树体准备营养为下一年做准备。

3. 灌溉方式

（1）常规灌溉法

① 沟灌

在果园行间开沟，生产上畦沟可在旱季用于灌溉，雨季用于排水，如梨园无畦沟可在果树树冠外围投影下方一侧顺着行间方向，在树行挖一条深、宽各20厘米左右的灌水沟，进行灌溉。

土壤浸湿度较均匀，防止土壤结构的破坏，土壤通气良好。这种灌溉方法与大水漫灌相比，每次节水75%以上，但用水量与微灌相比，会造成水资源浪费。

② 盘灌

以树干为圆心，在树盘投影以内以土埂围成圆盘，圆盘与灌溉沟相通。灌溉前疏松盘内土壤，使水渗透，灌溉时水流入圆盘内，灌溉后挖松表土，或用草覆盖，以减少水分蒸发。

节约用水，但浸润土壤的范围较小，破坏土壤结构，使表土板结。

（2）微灌技术

① 喷灌

利用喷头设备通过气压将水流以雨滴状态喷洒到地面进行灌溉（图5-6）。喷灌设备由进水管、抽水机、输水管、配水管和喷头等部分组成，可以是固定的或移

图5-6 喷灌

动的，喷头可依据喷灌强度大小进行选择。喷头一般离地20～30厘米左右，主要作用是喷地面，保证果园土壤的湿度，高的喷头可作用于喷洒树冠部位，一般离地2.5～3.0米左右，主要是保持果园的整体空气湿度，调节果园小气候或在高温天气时对果树起到降温作用。

这种浇灌方式具有节约水量，不破坏土地结构、调整地面气候且不受地形限制等优点，是现代化的节水高效浇灌技术。喷头悬挂高的情况适宜设施栽培，露地要注意风力，在有风的情况下，风速在3.5米/秒以上的速度时，喷灌难做到灌水均匀，并增加水量损失。

② 滴灌

滴灌是通过管道系统和滴头将水缓慢、匀称、精确地直接输送到根部四周的土壤的浇灌方式（图5-7）。滴管分为地表滴灌和地下滴管。地表滴管是通过安装在水管上的滴头或滴箭，孔口或滴灌带毛灌水器将水一滴滴地缓慢地滴入果树根系附近的土壤灌土形成。地下滴灌是将毛管和滴水器埋入地表下20～30厘米，灌溉水从灌水器渗出湿润土壤。

可实现果园精准灌溉，节约用水，减少劳动力，有利于果树生长结果。滴灌方便田间作业，但存在一旦灌水器堵塞，不便查找和清洗的问题。机械化果园适用于地上滴管设备，避免微耕机松土破坏设备。

图5-7　滴灌

③ 微喷灌

通过低压管道系统，以较小的流量将水喷洒到土壤表面进行灌溉的一种新的灌水技术（图5-8）。微喷灌系统由动力控制、低压输送管道、微喷软管三个部分组成。动力控制包括电动机（柴油机）、水泵、过滤器等。喷灌用水要求使用干净、无病菌

图5-8　微喷灌

的河水或井水，水质要求酸碱度中性，杂质少，含盐量低，不堵塞管道。微喷灌时水流以较大的流速由微喷头喷出，在空气阻力的作用下粉碎成细小的水滴降落在地面或作物叶面。由于微喷头出孔口流量和流速均大于滴灌的滴头流量和流速，从而解决了灌水器堵塞问题。微喷灌适用于可溶性化肥随灌溉水直接喷洒到果树叶面或根系周围的土壤表面，提高施肥效率，节省化肥用量。微喷灌结合了一般喷灌和滴灌的优点，改善了它们的某些缺点，喷头不易堵塞，一旦微喷嘴堵塞也易被发现和处理，且具有耗能低、省水的特点，能比一般喷灌省水20%～30%。微喷灌使土壤通气性好，不板结，给果树根系生长制造良好的环境条件。

利用喷、滴灌、微喷灌对梨树灌溉，可根据观测和经验在梨树需水灌溉的关键期以及高温、干旱天气及时灌溉，灌水时间宜在傍晚进行，使田间持水量保持在60%～80%。在经济条件允许的情况下可建立果园智能灌溉系统，全程监测果园土壤含水量变化，实现自动化灌溉。

④ 智能化水肥一体化灌溉系统

将灌溉与施肥融为一体的农业新技术，主要由水源工程、首部枢纽系统、过滤系统、水肥一体机、输配水管网系统、无线阀门控制系统、墒情监测系统、田间

图5-9　智能水肥一体化灌溉系统

气候监测系统组成（图5-9）。目前已应用于露地或者实施果树栽培的灌溉作业。

智能水肥一体化灌溉系统可以根据土壤墒情监测系统检测土壤水分，根据果树的需肥规律和土壤养分情况，设置周期性水、肥轮灌计划，配兑成的肥液与灌溉水一起，通过管道系统供水、供肥，使水肥相融后，通过管道、喷枪或喷头形成喷灌、均匀、定时、定量，喷洒在作物发育生长区域，使生长区域土壤始终保持疏松和适宜的含水量，同时根据梨树的需肥特点，土壤环境和养分含量状况，把水分、养分定时定量，按比例直接提供给树体。

智能水肥一体化灌溉系统可以大幅度提升水分与肥料的利用率，同时可以有效节水50%～60%；根据土壤类传感器包括水分、温度、盐分等相关参数自动反馈控制端施肥，精准灌溉，显著改善果品的产量及品质；实现在线远程监测果树生长情况。

有害生物及逆境防控

（一）主要有害生物及绿色防控

1. 预防原则

按照“预防为主，综合防治”的方针，从生态系统角度出发，综合运用各种防治措施，创造不利于病虫害滋生和有利于病虫害天敌繁衍的环境条件，保持园区生态系统的平衡和生物多样性稳定。优先使用农业、物理、生物防治措施进行有害生物防控，化学防治方法应符合中华人民共和国国务院发布的《农药管理条例》及国家行业《绿色食品农药使用准则》的规定。

2. 防治方法

（1）农业防治

农业防治也称栽培防治，通过调整和改善果树的生长环境，使果树生长健壮，以增强果树对病虫草害的抵抗力，创造不利于病原物、害虫和杂草生长发育或传播的环境条件，直接或间接地消灭或抑制病、虫、草的危害，减少农药污染，达到增产、增收的目的（图6-1）。

① 合理布局果园

果园规划设计时应注意梨、桃、李等果树不得混合栽植，不同树种果园间应有一定宽度的隔离缓冲带，以避免或减轻梨小食心虫、桃蛀螟等害虫的为害。桧柏是

清理果园

树干涂白

图6-1　农业防治

梨锈病的重要转主寄主，梨园附近不得栽植桧柏，以免导致梨锈病严重发生。同时，要注意品种的多样性，以免病虫害大爆发，造成重大经济损失。

② 选择优良抗病虫品种

品种抗病、抗虫性是品种的遗传特性，根据所栽培梨品种的抗病性可分为免疫、高抗、中抗、低抗4种类型。充分利用品种抗病、虫特性，对提高防治效果、减少农药使用量具有重要意义。

③ 合理修剪

结合果树冬季修剪和清园，有效减少病害侵染源，减少害虫发生基数。

④ 合理施肥、提高果树抗病虫能力

果园施用有机肥、无机复合肥，增施磷、钾肥，少施氮肥，增强树势对黑星病、褐斑病、轮纹病等病害的抵抗能力，恶化有害螨类、蚜虫类、介壳虫类等刺吸式害虫的营养条件。

⑤ 保持果园清洁

及时进行夏季修剪，剪除果树内膛徒长枝，改善树体通风透光条件，减轻斑点落叶病、轮纹病的侵染蔓延，抑制螨类、蚜虫等害虫的虫口密度增长与为害。

（2）物理防治

利用病虫对光、热、射线、色、高频电流、超声波和机械等物理因素的特殊反应来防治害虫的方法（图6-2）。物理防治区别于农业防治、生物防治，以及化学防治之处在于其一般以人工机械捕杀为主，主要是根据害虫的生活习性，直接用人工或简单的器械捕杀，或者是设置保护物阻隔害虫对果树进行为害。

① 阻隔分离

阻隔分离通过各种方法，将果树与害虫隔绝开来防治害虫。包括套果袋、搭设防虫网，可避雨、遮阳、防病虫侵入。

② 光源诱杀

利用夜行昆虫的趋光性，设置光源进行诱捕。最常用的灯源有日光灯、黑光灯、高压汞灯、节能灯、变频灯、双波灯和太阳能灯等，如黑光灯可杀300多种害虫，频振式杀虫灯既可诱杀害虫，又能保护天敌。光源诱杀成本低，无污染，操作简单，但捕虫灯大多对于无益无害昆虫也无差别诱捕，不利于生态环境的稳定。

③ 饵料诱杀

食饵诱杀利用害虫取食的趋化性，用食物制作饵料，将某些害虫诱杀，最常见的是糖醋诱杀液。糖醋诱杀液可用糖、醋、黄酒、水（比例为6∶1∶3∶10），保持

诱虫灯

糖醋诱杀液

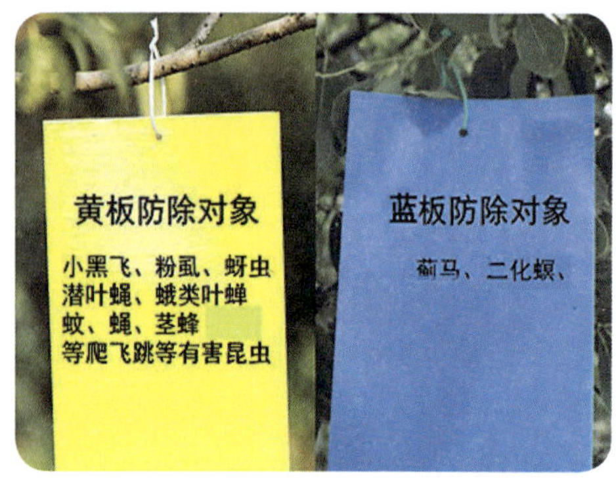

挂黄蓝板

蓖麻诱杀金龟子

图6-2　物理防治

3～5厘米深，每亩一盆，保持15天，能吸引卷叶蛾、斜纹夜蛾、小地老虎、梨小食心虫等取食，接触糖醋液后被粘连致死。还可以制作有毒饵料，诱杀害虫，如香蕉皮、菠萝皮等搅成糊状拌杀虫剂可诱杀果蝇，地老虎等幼虫和蝼蛄可用谷物炒香后制成饵料诱杀。

④ 偏好诱杀

在梨园中安置蘸药杨柳枝诱杀斜纹潜叶蛾。梨小食心虫有潜伏在粗树皮裂缝中越冬的习性，可在它们越冬前树干束草或包扎麻布片，诱集它们集中越冬、烧毁消灭。

⑤ 颜色诱杀

最常见的办法是挂黄板和蓝板。利用蚜虫、斑潜蝇、粉虱等害虫飞行时的趋色性，将黄、蓝板表面涂有一薄层胶粘剂，害虫飞向色板后，被胶粘剂牢牢粘住，起到捕捉和杀灭害虫的作用。诱虫板引诱力强、黏捕率高、诱虫广谱、无毒、无害、无污染。

⑥ 作物诱杀

利用害虫具有植物取食的特别喜好，进行集中诱捕，果树周围种蓖麻可诱杀金龟子。

⑦ 激光杀虫

用波长450～500纳米的激光可杀死螨类和蚊类等害虫。用功率较小（千瓦以内）的激光器可在数小时内消灭温室白粉虱、蚜虫及红蜘蛛等。

（3）生物防治

利用一种生物对付另外一种生物的方法（图6-3）。生物防治大致可以分为以虫治虫、以鸟治虫和以菌治虫三大类。它也是降低杂草等有害生物种群密度的一种方法。它利用了生物物种间的相互关系，以一种或一类生物抑制另一种或另一类生物，它的最大优点是不污染环境。

① 天敌昆虫的利用

天敌昆虫是一类寄生或捕食其他昆虫的昆虫，它们在自然界中大量存在，对于某些害虫发生、成灾起着制约作用。我国已成功地大量饲养赤眼蜂、平腹小蜂、草蛉、七星瓢虫、丽蚜小蜂、食蚜瘿蚊、小花蝽、智利小植绥螨、西方盲走螨、侧沟茧蜂等捕食或寄生性天敌昆虫。赤眼蜂在梨小食心虫的产卵期释放可有效控制梨小食心虫的繁殖基数。人工释放草蛉可防治山楂叶螨和苹果全爪螨。七星瓢虫为肉食昆虫，捕食蚜虫、介壳虫、粉虱、叶螨。智利小植绥螨为专食性螨类，主要以叶螨为食。

② 病原微生物的利用

微生物菌剂包括枯草芽孢杆菌、巨大芽孢杆菌、胶冻样芽孢杆菌、苏云金芽孢

梨害虫性诱捕捉器

梨害虫天敌投放

图6-3　生物防治

杆菌、米曲霉菌、淡紫拟青霉菌和光合菌共七大有益菌群，可以有效抑制果园土壤病菌。

③ 昆虫激素的利用

安装性诱捕器或性迷向丝，如梨小迷向丝能有效防控梨小食心虫，它是应用性迷向素，让昆虫雄虫彻底迷失方向，使它无法准确定位雌虫，以阻断成虫交配，达到防治目的。

（4）化学防治

利用各种化学物质及其加工产品控制有害生物危害的防治方法。化学防治又称农药防治，是用化学药剂的毒性来防治病虫害。绿色梨园生产中使用的化学植保产品使用应符合NY/T 393的规定和我国梨树农药登记农药产品清单的规定。根据《农药管理条例》和GB/T 8321的规定，按照农药标签上标注的使用范围、使用方法和剂量、使用技术要求和注意事项、安全间隔期严格使用农药。

3. 病害防治

（1）黑星病

① 为害症状

梨树的一种真菌性病害（图6-4）。梨黑星病病原菌为梨黑星病菌（*Venturia nashicola* Tanaka *et* Yamamoto.），属子囊菌亚门真菌。梨黑星病又叫疮痂病、雾病、斑病，能够侵染梨树所有的幼嫩组织，其中以叶片、新梢以及果实受害最为常见，

图6-4　黑星病

发病部位产生黑色霉层为该病的主要特征。刚展开的幼叶最易感病，先在叶背面出现中部凹陷的黑绿色至黑色霉状物，严重时叶柄变黑，叶片枯死。幼果发病，果柄或果面形成黑色或墨绿色的圆斑，导致果实畸形、开裂，甚至脱落。成果期受害，形成圆形凹陷斑，病斑表面木栓化、开裂。枝干受害，病梢初期形成梭形病斑，布满黑霉，后期皮层开裂呈疮痂状。一直到果实采收期都可发生，有时在储藏期仍可继续发生。

② 发生规律

菌丝体和分生孢子在病芽鳞片上越冬，第二年发芽时，借雨水传播造成叶片和果实的初侵染；一般年份从4月中下旬开始发病；6～7月进入雨季，叶、幼果发病；8月下旬至9月上旬，近成熟的梨果发病重。降雨早、雨量大的年份该病易提早流行。梨树过密或枝叶过多也会加重病情。地势低洼，树冠茂密，通风不良，树势衰弱，易发病。梨黑星病发病后，引起梨树早期大量落叶，幼果不能正常膨大，呈畸形，同时病树第二年结果减少，近年来南方梨区发病有逐渐加重的趋势。

③ 防治方法

农业防治：清除落叶，及早摘除发病花序以及病芽、病梢等；适当疏花、疏果，控制结果量，保持树势旺盛，合理修剪，使梨树内膛通风透光；增施有机肥料，排除田间积水。

化学防治：梨树萌芽前喷施1～3波美度石硫合剂进行淋洗式喷洒全树。梨芽萌动后时喷洒化学药剂进行防治，可用下列药剂：10%苯醚甲环唑6 000～7 000倍液；80%代森锰锌可湿性粉剂500～1 000倍液；50%多菌灵可湿性粉剂500～667倍液；套袋后如黑星病还不能有效控制，可使用400克/升氟硅唑8 000～10 000倍液。

（2）梨锈病

① 为害症状

梨树等多种果树的真菌性病害。梨锈病病原菌属担子菌亚门的梨胶锈病（*Gymnosporangium haraeanum* Syd.）。梨锈病又称赤星病、羊胡子。主要危害叶片和新梢，严重时危害幼果，也危害叶柄和果柄。感染叶片后，叶正面形成橙黄色、有光泽的小点，后逐渐扩大为圆形病斑，中部橙黄色，边缘淡黄色，最外面有一层黄绿色的晕圈，并密生橙黄色针头大的小点，即性孢子器。潮湿时，溢出淡黄色黏液，即性孢子，后期小粒点变为黑色。病斑对应的叶背面组织隆起、增厚，并长出一丛灰黄色毛状物，即锈孢子器。毛状物破裂后散出黄褐色粉末，即锈孢子。幼果发病可引起果实畸形和早期掉落（图6-5）。

图6-5 梨锈病

② 发生规律

病菌寄主梨树，转主寄主为松柏科的桧柏，龙柏、翠柏等。以多年生菌丝体在桧柏枝上形成菌瘿越冬，翌春3月份形成冬孢子角，17～20℃冬孢子萌发迅速发生冬孢子萌发产生大量的担孢子，担孢子随风雨传播到梨树上，侵染梨的叶片新梢等，但不再侵染桧柏。梨树自展叶开始到展叶后20天内最易感病，展叶25天以上，叶片一般不再感染。病菌侵染后约经6～10天的潜育期，即可在叶片正面呈现橙黄色病斑，接着在病斑上长出性孢子器，在性孢子器内产生性孢子。在叶背面形成锈孢子器，并产生锈孢子，锈孢子不再侵染梨树，而借风传播到桧柏等转主寄主的嫩叶和新梢上，萌发侵入危害，并在其上越夏、越冬，到翌春再形成冬孢子角。梨锈病病菌无夏孢子阶段，不发生重复侵染，一年中只有一个短时期内产生担孢子侵染梨树。担孢子寿命不长，传播距离约在5千米的范围内或更远，当然这与风力、风向、地势等有一定关系。

③ 防治方法

农业防治：梨锈病病菌有转主寄生的特性，梨园附近有没有转主寄主是该病是否发生的关键条件。因此，彻底铲除梨园四周5千亩以内有龙柏、松柏等松柏科类树木，是防治梨锈病最关键、最有效的措施。

化学防治：3月上中旬用石硫合剂喷施柏树，以防止柏树上梨锈菌冬孢子的萌发传播。可用药剂：400克/升氟硅唑8 000～10 000倍液。

（3）黑斑病

① 为害症状

梨树的一种真菌性病害（图6-6）。黑斑病病原菌为菊池链格孢（*Alternaria*

图6-6　黑斑病

kikuchiana Tanaka.)，属于半知菌亚门真菌。发病后引起大量裂果和早期落果，造成很大损失。侵害梨的叶片、新梢、花及果实。新梢病斑为黑色，椭圆形，稍凹陷，后期变为淡褐色溃疡斑，病斑分界处产生裂纹。叶片初为针头大小黑色的斑点，后成近圆形或不规则形，中心灰白色，边缘黑褐色，往往相互融合成不规则形的大病斑，引起早期落叶。潮湿时病斑表面遍生黑霉。幼果一旦被侵染后发病，在果实表面上产生一至数个圆形针尖大小黑色斑点，如果不采取防治措施病情逐渐扩大，果实改变正常生长形状，病斑略凹陷，果实表面黑霉密布，病果此时易早落，遇到强对流天气如风雨交加会大大加剧落果率。黑斑病同时也是梨果贮藏期的一种重要病害，严重影响梨的产量和品质。

② 发生规律

病菌以分生孢子和菌丝体在发病枝或落地病叶、病果上越冬。春天，病斑组织上形成分生孢子，借风雨传播侵染；在适当的温度、湿度条件下可形成多次再侵染。黑斑病的发生、流行与气候条件密切相关，其最适的发病温度为24～28℃，连续阴雨有利发生、蔓延，4月下旬叶片开始出现病斑，5月中旬随气温增高，病斑逐渐增加，6月份至7月初进入发病盛期。长江流域和以南地区则相对较重，而且南方的梅雨季节正是病害发生和蔓延最快的时期。

③ 防治方法

农业防治：实施果实套袋，保护果实；搞好果园卫生，发芽前及时剪除病梢，清除果园内病叶和病僵果；加强栽培管理。增施有机肥，避免因施过量氮肥而造成的枝梢徒长；合理修剪维持冠内、株间良好的通风透光条件。

化学防治：发芽前喷一次3～5波美度石硫合剂，花后根据降雨情况结合其他病害的防治，上海6月中下旬入梅后每间隔15～20天喷一次杀菌剂，以保护果实和叶片。可选用药剂：1.5%多抗霉素75～300倍液；3%多抗霉素150～600倍液。

（4）褐斑病

① 为害症状

梨树的一种真菌性病害。褐斑病病原菌有性阶段为梨球腔菌［*Mycosphaerella sentina* (Fr.) Schrot.］，属子囊菌亚门真菌；无性时期为梨生壳针孢（*Septoria piricola* Desm.），属半知菌亚门真菌。梨褐斑病又称梨叶斑病、斑枯病、白星病，主要为害叶片和果实。叶片初现灰白色大小1～2毫米点状斑，褐色边缘明显，后呈圆形或椭圆形病斑，带紫色边缘，病斑中部可发展成为白色，故又称白星病，病斑上生黑色小粒点，严重的病斑连片，导致叶片早落。果实发病症状跟叶片相似，随着果实长大，病斑稍向下凹陷（图6-7）。

图6-7　褐斑病

② 发生规律

病菌以子囊壳或分生孢子器在病叶上越冬，孢子侵染叶片潜育期一般为5～12天，最长45天；潮湿是越冬病菌产生孢子并扩散的必要条件，在整个生长季节都可见褐斑病发生，梨树内膛叶片发病程度重于外围叶片。一般在当地4月中旬开始发病，5月中下旬大发生。发病重的在5月下旬就开始落叶，7月中下旬落叶最严重。

③ 防治方法

农业防治：落叶及时清园。褐斑病病菌主要在落叶上过冬，落叶后及时清除园内落叶，集中深埋或烧毁，根除病源。生长季及时清除梨园杂草，保证梨园内通风透光。生长季节及时摘除梨园病叶、病果和剪除病梢，集中烧毁。科学施肥，增施有机肥和磷钾肥，保持树体健壮生长，提高树体抗病性。雨后注意梨园排水，以降低园内湿度，降低病害的发生和蔓延概率。合理修剪，加强梨园管理，对负载过重的树体，及时疏花疏果；对栽植密度过大的果园，进行间伐；对枝叶过多的树体，及时修剪，疏除生长过旺、过密、内膛枝，改善树体通风透光条件，避免枝叶郁蔽。

化学防治：早春在梨树发芽前，结合其他病害防治，喷施0.6%波尔多液（蓝矾：生石灰：水=1：2：180）。6月上旬雨季来临前，喷布1次波尔多液。一般结合其他病害防治，每间隔15～20天喷药1次，直至8月底。可用药剂有：80%代森锌500～700倍液。

（5）轮纹病

① 为害症状

梨树的一种真菌性病害。轮纹病病原菌为贝伦格葡萄座腔菌（*Botryosphaeria berengerianade* Not.），属子囊菌亚门真菌，无性时期为轮纹大茎点菌（*Macrophoma kawatsukai* Hara.），属半知菌亚门真菌。梨轮纹又称褐腐病、粗皮病、瘤皮病、水烂病、粗皮病等，主要为害枝干，也为害果实和叶片。叶片发病产生近圆形或不规则褐色病斑，有轮纹，后变成灰白色，有时也在病部产生一种黑色小粒点。果实受害以皮孔为中心发生水渍状褐色斑点，后逐渐扩大呈黄褐色圆形斑，且产生黑色小粒点，斑面有清晰的同心轮纹，常溢出茶褐色黏液，全果逐渐腐烂，有酸臭气味，烂果失水后变成黑色僵果。果实多在近成熟期、贮藏期发病（图6-8）。

② 发生规律

南方地区2月下旬孢子即能产生，一般叶片5月开始发病，枝梢于8月中旬发病，7～9月为发病高峰期，孢子借雨水冲溅传播，传播距离一般不超过10米。远距离传播主要通过苗木调运，病菌经皮孔或伤口侵入，2～8年生枝条均可被害。花前仅侵染枝干，花后枝干、果实均可受害，谢花后直至采收，只要遇雨，皆可侵染果实，以幼果期、雨季侵染率最高。

③ 防治方法

农业防治：严格苗木检疫，加强苗木检疫工作，防止病害扩散。选用抗病品种，

图6-8　轮纹病

加强肥水管理。发现病斑时须及时刮治病斑，剪除病枝，并将病树皮、病树枝、病树叶捡出园外集中烧毁。刮治病斑时，刮除超出变色组织0.5～1厘米，并略刮去一点好皮，用5波美度石硫合剂对其进行涂抹消毒。树冠喷药梨树发芽前喷洒1次波美3～5波美度石硫合剂混合液。清理果园冬季结合清园，将病死枝收集烧毁，夏季及时摘除病果并深埋。

化学防治：5～7月病菌孢子大量飞散时，结合其他病虫综合防治，果实采收前20天停止用药。

（6）炭疽病

① 为害症状

梨树的一种真菌性病害。梨炭疽病病原物为盘长孢状刺盘孢（*Colletotrichum gloeosporioides* Penz.），属半知菌亚门真菌。梨炭疽病又称梨苦腐病。梨炭疽病主要危害梨树叶片、枝干和果实。叶片染病，产生近圆形病斑，褐色，边缘色深，有时略现轮纹，后变成灰白色，轮纹趋于明显，发病严重时多个病斑常融合成不规则形的褐色斑块，湿度大时病斑上长出很多淡红色至黑色小点。枝梢染病，多发生在枯枝或生长衰弱的枝条上，初期仅形成深褐色小型圆斑，后扩展为长条形或椭圆形，病斑中部凹陷或干缩，致使皮层、木质部呈深褐色或枯死。果实染病时，果面上产生浅褐色水渍状小圆斑，后病斑逐渐扩大，颜色加深，软腐下陷，病斑表面颜色深浅交错，呈现明显的同心轮纹，病斑表皮下产生很多小粒点，稍隆起，由初褐色变成黑色，涌出粉红色黏物质，后随病斑继续扩大，病部烂入果肉或果心，使果肉褐变（图6-9）。

图6-9　炭疽病

② 发生规律

病原菌以菌丝体在僵果或病枝上越冬，第二年条件适宜时借风雨或昆虫传播进行初侵染和多次再侵染。多以越冬病原为中心，向下呈伞状扩展蔓延，有分片集中现象。气温高于22℃、相对湿度大于75%、降雨达10毫米或连续降雨3～4天时，病害传播最快，发病亦较重。一般在4～5月份多阴雨的年份，发病早。6～7月份阴雨连绵，发病重。地势低洼、土质黏重、排水不良时发病重。虫害多、肥水管理不良或果园郁闭时发病较重。

③ 防治方法

农业防治：结合冬季修剪，剪除和清洁梨树病虫枝，摘除僵果带出园外集中烧毁。冬季梨树休眠期发现梨炭疽病枝后刮除病斑，并把刮除的树皮集中烧毁。秋季增施有机肥，增强树体树势，提高抗病力。加强梨园管理，及时中耕除草，雨后及时排水。果实套袋能有效防治梨炭疽病。

化学防治：春季萌芽前，喷3～5波美度石硫合剂以消灭越冬病原。套袋前应喷1次高效杀菌剂。雨水多的年份，喷药间隔期适当缩短，并适当增加喷药次数。可用药剂有：25%嘧菌酯800～1 500倍液。

4. 主要虫害防治

（1）梨木虱

① 危害特征

梨木虱（*Psylla chinensis* Yang *et* Li）属半翅目（Hemiptera）木虱科（Psyllidae）。主要寄主为梨树，以成虫和若虫刺吸芽、叶、嫩枝汁液进行直接危害，致使叶片大量卷曲，花蕾萎缩不能开放。该虫会分泌黏液，招来杂菌，给叶片造成间接危害，出现褐斑而造成早期落叶。果实表面出现黑斑，果实不能正常发育长大。若虫能分泌大量蜜露，分泌物可形成蜜滴，使叶片粘在一起，严重发生时，黑霉菌布满整个树体，影响光合作用，污染果实和叶片并使其早落，降低产量（图6-10）。

图6-10 梨木虱

② 发生规律

冬型成虫在枝干树皮裂缝内越冬。气温达到15℃以上，梨花落后仍能见到梨木虱冬型成虫。南方江浙沪地区1年发生5代，各地均以冬型成虫在树皮缝、落叶、杂草和土缝中越冬。第一、二代若虫世代重叠度低，防治时期易于把握。第一代若虫防治宜在落花70%至终花后1周内施药；第二代若虫防治宜在花后1～1.5个月施药。虫口基数很高的果园可在开花前花呈“铃铛”状的时候施1次药。

③ 防治方法

发生严重的果园，在芽萌动期，选择温暖无风的晴朗天气喷药，杀灭越冬代成虫；早春刮树皮，清洁果园，消灭成虫越冬场所，压低虫口密度。“铃铛”花期时再喷药1次，集中杀灭越冬虫源及第一代卵。主要应抓住落花后第一代和第二代若虫的防治。终花期是防治第1代若虫的关键期，落花后30天左右是防治第一代成虫的关键期，落花后1.5个月左右是防治第二代若虫的关键期，以后逐渐世代重叠，应与其他病虫害一同防治，灵活掌握用药。

化学防治有效药剂有：10%吡虫啉2 500～2 500倍液；240克/升虫螨腈1 250～2 500倍液；4.5%高效氯氰菊酯1 200～2 000倍液；0.5%苦参碱1 000～1 500倍液。

（2）梨蚜虫

① 危害特征

梨树上主要蚜虫种类有梨二叉蚜、梨园尾蚜、梨黄粉蚜（黄粉虫）等，其中梨二叉蚜（*Schizaphis piricola* Matsumura）是危害梨树的重要蚜虫，属半翅目（Hemiptera）蚜科（Aphididae），又称梨腻虫。以成虫、幼虫群居为害芽、叶、嫩梢、茎。受害叶片向正面纵向卷曲呈筒状，轻者向正面略卷，被蚜虫为害卷缩的叶片大部不能再伸展开，易脱落，受害严重的叶片产生枯斑而早期脱落（图6-11）。

图6-11　梨蚜虫

② 发生规律

每年发生10多代，以卵在梨树芽腋或小枝裂缝中越冬。梨花萌动时开始孵化群集于露白的芽上为害，芽开绽后便钻入芽内为害，展叶后则到嫩梢叶面上为害，叶片向上纵卷成筒状。落花后大量出现卷叶，为害繁殖至落花后半月左右开始出现有翅蚜，迁移到夏寄主狗尾草和茅草上繁殖为害。萌芽期、展叶期为危害盛期。

③ 防治方法

农业防治：蚜虫发生期，及时摘除被害卷叶，集中处理，消灭蚜虫。

生物防治：保护蚜虫天敌，如卵形异绒螨。可投放梨蚜的天敌主要有瓢虫、食蚜蝇、小花蝽、蚜茧蜂、草蛉等。

化学防治：梨芽尚未开放时至发芽展叶期是药剂防治的关键时期，可以与梨木虱等害虫综合防治，防治的有效药剂有：10%吡虫啉4 000～5 000倍液。

（3）梨瘿蚊

① 危害特征

梨瘿蚊［*Dasumeira pyri* (Bouch)］俗称梨芽蛆、梨叶蛆、梨红沙虫，属双翅目（Diptera）瘿蚊科（Cecidomyiidae）。以幼虫为害芽和嫩叶为主，嫩叶叶尖或叶缘先受害，嫩叶受害后，叶面向内侧卷曲，然后叶的一边或两缘纵卷呈筒状。被害叶逐渐退绿，质地硬脆，最后变黑脱落（蚜虫为害后质地略软，且不易脱落），严重时还可引起秃梢（图6-12）。

图6-12　梨瘿蚊

② 发生规律

每年发生2～3代，以老熟幼虫在树冠下深为0～6厘米的土壤中及树干的翘皮裂缝中越冬。翌年3月中旬开始出现越冬代成虫，4月上旬为发生盛期，5月第一代成虫危害。成虫羽化后即可交尾产卵。卵多产在未展开叶的缝隙中。卵期随气温升高而缩短，第一代卵期4天，第二代3天，第三代2天。幼虫孵出后即在芽内或嫩叶上为害。各代幼虫期13天左右。幼虫老熟后，在降雨或高湿天气才能顺利脱出叶片。老熟幼虫脱叶后，弹落地面或随雨水沿枝干下行，寻找适当场所结茧化蛹。第一代蛹期20天，成虫在5月上旬发生；第二代蛹期12.8天，成虫在6月上旬发生。降雨潮湿的环境有利于梨瘿蚊的发生和世代交替。

③ 防治方法

农业防治：发芽前刮除枝干粗皮翘皮，并深翻树盘，促进越冬虫体死亡。生长期发现病虫叶及时摘除，减少虫源。

生物防治：保护利用天敌。瓢虫、草蛉和食蚜蝇、小花蝽和蜘蛛等天敌可捕食梨瘿蚊。

化学防治：在越冬成虫（4月中上旬）和第1、第2代（5～6月）成虫产卵盛期，树冠进行喷药，与梨蚜虫、梨木虱等害虫可一同进行化学综合防治。

（4）梨小食心虫

① 危害特征

梨小食心虫［*Grapholitha molesta* (Busck)］属鳞翅目（Lepidoptera）卷蛾科（Tortricidae），又名梨小蛀果蛾、东方果蠹蛾、桃折梢虫等，简称“梨小”，属于鳞翅目卷蛾科。梨在生长前期，由于果实小、较硬，幼虫不易蛀食，所以主要取食新梢，从新梢顶端叶片的基部蛀食，并向下钻入新梢髓部。被害新梢前端凋萎，有树胶流出，并伴有虫粪排出，凋萎枝梢下垂呈折梢状。待果实膨大后，梨小食心虫便为害果实，一般从果实萼洼和梗洼处蛀入，蛀孔很小，不易发现。有虫粪从孔内排出，外有丝网连接。后期蛀孔变为褐色，形似果点。高湿条件下，蛀孔周围会变黑腐烂，并逐渐扩大呈黑膏药状，被害果实易脱落。幼虫蛀入果实后，药物难以到达，防治困难（图6-13）。

图6-13　梨小食心虫

② 发生规律

全年发生5～6代，每年高发期在7～8月，世代重叠严重。越冬代幼虫于翌年3月中下旬开始化蛹，4月中旬开始羽化，5月上旬达到羽化高峰，越冬代羽化成虫持续到5月下旬，第一代幼虫于5月开始危害嫩叶和新梢，6月出现幼虫钻蛀树上部果实的现象；6月中旬第一代成虫羽化达到高峰，第二代幼虫于6月下旬开始出现，幼虫继续为害新梢、果实；7月下旬第二代成虫达到羽化高峰，第三代幼虫盛发于8月上旬，主要钻蛀果实为害；8月下旬出现第三代成虫羽化高峰，第四代幼虫于9月上旬达到为害高峰，幼虫在树干基部、翘起的老树皮下或果实内等处越冬。梨小食心虫世代重叠的现象严重，特别是第一代与第二代、第二代与第三代之间。

③ 防治方法

农业防治：梨小食心虫具有转移寄主为害的特性，尽量避免桃、李、杏与梨、苹果混栽。冬季时清扫果园落叶落果，刮除老翘皮，并集中深埋或烧毁，消灭越冬代幼虫。在幼虫发生初期，要及时剪除被害梢和摘除有虫果并集中销毁。果实采收后要进行清园，消灭虫源。

物理防治：因成虫具趋光性、色觉效应和趋化性，在果园中张挂黑光灯、黄色粘虫板、诱捕器（诱芯为性信息素）或糖醋液加少量敌百虫，可诱杀成虫。在果实膨大期，进行套袋，防止梨小食心虫成虫钻入果内产卵。

生物防治：梨小食心虫的天敌主要有赤眼蜂、白茧蜂、黑青金小蜂、寄生蜂、扁股小蜂、姬蜂和白僵菌等。3月中旬在梨树干上部1/3处悬挂梨小食心虫迷向丝，每亩用量约33条，果园边缘地带需适当增加悬挂数量，可有效防治梨小食心虫的为害。

药剂防治：3月中旬萌芽前进行整个树冠的喷施，与梨蚜虫、梨木虱等害虫同时进行化学综合防治。

（5）蝽类

① 危害特征

为害梨的主要蝽类主要包括茶翅蝽［*Halyomorpha halys* (Stål)］、麻皮蝽（*Erthesina fullo* Thunberg）、梨网蝽（*Stephanitis nashi* Esaki *et* Takeya）、绿盲蝽（*Lygus lucorum* Meyer-Dur）等，均属于半翅目昆虫，以刺吸式口器取食叶片、果实、嫩梢等，可造成叶片破损、果实畸形，外观品质下降。发生为害后，可引起早期落叶，果实受害后，被害处会出现木质化，继而果实无法继续生长，随着梨果发育，成熟后会变成疙瘩梨（图6-14）。

图6-14　梨茶翅蝽

② 发生规律

梨网蝽一年发生代数在长江流域为4～5代，各地均以成虫在枯枝、落叶、杂草、树皮裂缝以及土、石缝隙中越冬。4月上中旬越冬成虫开始活动，集中到叶背取食和产卵。卵产在叶组织内，上面附有黄褐色胶状物。初孵若虫多数群集在主脉两侧为害。若虫蜕皮5次，经半个月左右变为成虫。第一代成虫6月初发生，以后各代分别在7月旬、8月初、8月底、9月初发生，因成虫期长，产卵期长，世代重叠，各虫态常同时存在。7～8月危害最重，9月虫口密度最高，10月下旬后陆续越冬。

图6-15　梨网蝽

茶翅蝽在南方地区一年可发生5～6代，以成虫在屋内、墙缝、草堆、树等隐蔽处群集越冬。3月末当日温升高到10℃左右时便陆续出蛰，出蛰的成虫多在阳光充足的门窗墙壁及台阶上爬行，晚间多聚集在背风温暖的地方。5月初，越冬成虫开始交配。产卵有2个高峰期分别是5月末至6月中旬，7月中旬至8月初。9月下旬气温逐渐下降，一般在12～15℃左右，大量的成虫开始迁移准备越冬。包括越冬期在内，成虫寿命可达300天。

③ 防治方法

农业防治：秋、冬季彻底清除果园中及附近杂草、枯枝及落叶；春季成虫出蛰前秋季成虫越冬后深翻果园，消灭越冬成虫；果实套袋可有效防控梨网蝽的为害。利用茶翅蝽成虫在屋内等处群集越冬的习性，在春季越冬成虫出蛰期和果实采收后成虫飞往越冬场所时，实行人工捕捉，予以消灭。

物理防治：5～10月梨园悬挂频振式杀虫灯诱杀成虫，可每100米直线排列设置1盏灯。

生物防治：昆虫病原真菌菌株Bb2359对梨网蝽的成虫和若虫均可有效防治。茶翅蝽的天敌是寄生蜂，引进寄生蜂，投放到梨园中可建立种群有效控制茶翅蝽的虫口密度。

化学防治：梨网蝽成虫出蛰在5月中下旬，第一代若虫盛发关键期以及各代幼虫初期喷药防治，以叶背面为防治重点。5～6月份茶翅蝽飞到梨树上为害是化学防治的关键时期。选用高效氯氰菊酯和吡虫啉可以针对梨木虱、梨网蝽、茶翅蝽进行综合防治。在茶翅蝽的新入侵地，可利用生物农药除虫菊素进行防治。

（6）螨类

① 危害特征

梨树上常见的螨类有二斑叶螨（白蜘蛛）（*Tetranychus urticae* Koch）、山楂叶螨（红蜘蛛）（*Tetrancychus vienensis* Zacher）等。二斑叶螨和山楂叶螨以成螨和若螨刺吸梨树的新芽、嫩叶和果实的汁液为主，使叶片失绿，影响光合作用，严重时造成叶片枯死、早落、二次花。山楂叶螨受害叶片先从近叶柄的主脉两侧出现苍白色斑点，严重时导致叶片呈灰白色乃至暗褐色，最后叶片焦枯、提早脱落。二斑叶螨有吐丝结网的习性，有时丝网可将整个叶片覆盖起来，甚至丝网还可在树体间搭接，以利其爬行扩散，严重时使叶片发黄、脱落（图6-16）。

② 发生规律

发生规律每年发生代数因各地气候条件不同而有较大差异。一般1年发生5～9代，雌性成年螨在杂草、枯枝、落叶、树皮缝内潜伏过冬，4月中旬是出蛰盛期，

图6-16　红、白蜘蛛

当花芽膨大时出蛰活动，梨落花期为出蛰盛期，这是防治螨类的关键时期。展叶期即转到叶片上为害，该时期出蛰成年螨集中在离大主枝、主干近处的枝组上危害，开花前后多集中在内膛枝条的叶片上，该时期应集中防治内膛枝条。后期则全树冠均有分布。每年7～8月份发生最大，为害也最严重，干旱年份发生量大，为害较严重，高湿的年份为害则轻，高温季节各虫态历期短，繁殖周期快。红蜘蛛有趋化性，喜在叶背面为害，并拉丝结网，成年螨多将卵产在叶背面的丝上，避开天敌。

③ 防治方法

农业防治：处理害螨越冬场所。梨树萌芽前，即越冬雌性成螨出蛰前，彻底刮除树干老皮、粗皮、翘皮，清除果园内的枯枝、落叶、杂草，并集中深埋或烧毁，消灭害螨越冬场所。10月上中旬，在越冬雌性成螨进入越冬场所前，在树干上捆绑草把或瓦楞纸板引诱越冬的成年螨并集中烧毁。

生物防治：以虫治螨，注意保护天敌，发挥天敌的自然控制作用。如深点食螨瓢虫，幼虫期每头可捕食红蜘蛛200～800头，其他还有食螨瓢虫、暗小花蝽、草蛉、塔六点蓟马、小黑隐翅虫、盲蝽等天敌。保护和利用巴氏新小绥螨、东方纯绥螨、芬兰纯绥螨等捕食螨，以控制红、白蜘蛛危害。藻菌能使红蜘蛛致死率达80%～85%；白僵菌能使红蜘蛛致死率达85.9%～100%。

化学防治：春季梨树发芽前，全园喷施1次3～5波美度石硫合剂，或45%晶体石硫合剂50倍液，重点喷枝干及树冠下的土壤和杂草，杀灭越冬及早春害螨。抓住梨树萌芽后至开花前和落花后7～10天这两个防治关键期，并在6月上中旬再喷施1～2次药剂，即可控制害螨全年的为害。药剂可选用20%四螨嗪悬浮剂1 500～2 000倍液；97%矿物油乳油100～150倍液。由于二斑叶螨抗药性较强，喷药时最好是两种不同类型的药剂混合使用，并注意喷洒树体内膛及叶片背面，淋洗式喷雾效果更佳。

（7）金龟子

① 危害特征

金龟子是鞘翅目金龟总科昆虫的通称。其幼虫（蛴螬）是梨园主要的地下害虫之一，常将梨幼苗根系咬断，导致枯黄死亡。白星花金龟（*Protaetia brevitarsis* Lewis）是梨树上最主要的害虫，主要以成虫为害梨树的花、花蕾和果实，同时还吸食树体伤口处的汁液，影响梨树的开花和结果，以及降低果实品质（图6-17）。

图6-17　金龟子

② 发生规律

幼虫（蛴螬），老熟幼虫5～7月份在途中做蛹室化蛹。

白星花金龟一般1年发生1代，以中龄或近老熟幼虫在土中越冬，成虫每年6～9月出现，7月初至8月中旬为发生为害盛期。成虫白天活动，飞翔能力较强，但在早晚或阴天温度较低时多不活动，且有假死性，易于捕捉。

③ 防治方法

农业防治：在深秋及初冬白星花金龟发生严重的农田及果园进行深翻土地，集中消灭幼虫和踊，减少白星花金龟的越冬虫源。

物理防治：利用趋性防治，采用糖醋液及腐烂果品诱杀白星花金龟是普遍使用的防治方法。将红糖、醋、白酒与水按照4∶3∶1∶2的比例配成糖醋液，对白星花金龟有较好的诱杀作用。也可以利用白星花金龟成虫趋腐性，将腐烂果品装入大口容器里，置于白星花金龟发生较多的田间进行诱杀。

生物防治：金龟子绿僵菌CQMa421 80亿孢子/毫升，1 000～2 000倍液，撒入土壤可有效杀灭金龟子的虫卵及幼虫。

化学防治：化学防治法主要包括利用药剂处理粪肥中的幼虫以及直接药剂喷雾杀灭成虫。由于白星花金龟成虫甲壳硬、飞翔能力强，因此一般化学喷雾防治效果并不理想。

（8）刺蛾

① 危害特征

危害梨树的刺蛾种类很多，其中比较常见的有黄刺蛾（*Monema flavescens* Walker）、青刺蛾（*Latoia consocia* Walker）、棕边青刺蛾（*Latoia hilarata* Standinger）、扁刺蛾（*Thosea sinensis* Walker）4种，其中黄刺蛾发生最为普遍。黄刺蛾属鳞翅目（Lepidoptera）刺蛾科（Limacodidae），幼虫俗称为洋刺子、刺毛虫、毛刺子等（图6-18）。

图6-18　刺蛾

② 发生规律

一年发生1代。以老熟幼虫结茧在土中越冬，7～8月发生，卵多产在叶背，数十粒1块，8～9月进入幼虫为害期，初孵幼虫有群栖性，2、3龄后开始分散为害，9月下旬幼虫老熟后下树，寻找结茧越冬场地。

③ 防治方法

农业防治：结合整枝、修剪、除草和冬季清园、松土等，清除枝干上、杂草中的越冬虫体，破坏地下的蛹茧，以减少下一代的虫源。幼虫群集为害期可人工捕杀。

物理防治：在6～8月盛蛾期，利用黑光灯诱杀成虫。

生物防治：保护天敌，击茧时要注意，如果茧上端有一针尖大的小孔者，均已被寄生，不要击破，保护其中的寄生锋。

5. 蜗牛防控

（1）危害特征

蜗牛属软体动物，危害梨树的蜗牛主要是同型巴蜗牛和灰巴蜗牛，以幼体、成体取食叶片、幼嫩组织及果实。刮食枝、叶、干和果实的皮层及果肉，并在爬行后的叶片和果实表面留下一层光滑黏膜。初孵幼体取食叶肉，留一层表皮，稍大后把叶片吃成缺刻或孔洞，爬行过后留一条长长的白色痕迹，取食后的组织还携带病菌，可使叶片和果实发生腐烂病（图6-19）。

（2）发生规律

3月中旬开始活动，4～5月交配产卵，在土壤耕作层或较隐蔽的场所越冬越夏。

图6-19　蜗牛

蜗牛大多在根部附近疏松的湿土中产卵，它们多在晴天、白天潜伏，晚上活动，阴雨天则整天活动。晴天下午6点以后开始活动、取食危害，晚上8点至11点达到高峰，午夜后取食量逐渐减少，至第二天清晨陆续停止取食，潜入土中或隐蔽处。

（3）防治方法

农业防治：冬季铲除杂草，扫除落叶，集中烧毁，同时浅锄树盘，破坏蜗牛的栖息地和产卵场所；蜗牛产卵盛期进行中耕松土，使大批卵块露出土面，太阳暴晒至破裂而死。

物理防治：利用蜗牛专用阻隔器，每棵树干下端粘贴一个，可以阻止蜗牛上树（自做简易阻隔器：树干捆宽30～40厘米的塑料布，下端绑上，上端翻下来，形成倒漏斗状）；春天雨季在树干上缠胶带，胶带上涂抹混入食盐的黏虫胶，蜗牛、蛞蝓等软体动物经过时身上粘有食盐会失水死亡；梨园放养一定数量的鸡、鸭可啄食蜗牛成体及卵（图6-20）。

化学防治：四聚乙醛和面粉调成糨糊，涂抹在树干上或者用80%四聚乙醛可湿性粉剂，每亩25～40克，喷施整个树体。

蜗牛捕杀器

蜗牛专业阻隔器

图6-20　蜗牛的物理防治

6. 鸟害防控

近几年来，鸟类对果园的危害不断增大，据一些地区观察发现，5 000只八哥鸟在10天之内就可以毁掉1吨水果。鸟害目前在我国的危害程度甚至超过了病虫害的危害，有几方面的主要原因：一是随着我国环境保护意识的增强，打鸟、捕鸟均属违法行为，导致鸟的种类、种群数目均急剧增加；二是田野、树木上的害虫数量被农药有效控制，鸟类的食源减少；三是果树种植面积的不断增加，本就缺乏食源的鸟类迅速找到了新鲜的食物；四是果园建在城市或者高速公路附近，鸟类栖息场所减少，果园郁避，树枝杈给鸟类提供了更多的栖息场所，导致鸟害猖獗。

（1）危害特征

危害梨园的鸟类主要有喜鹊、灰喜鹊等，其次是鸽子、麻雀、乌鸦、山雀等。在北方，麻雀、灰喜鹊则是危害最为主要的鸟类；在南方，山雀、白头翁等是危害较大的鸟类。

梨果实接近成熟的季节，鸟害发生越发严重，鸟害严重的地区甚至是在春季对梨树花朵、嫩芽及幼果也有一定的破坏性。梨果实陆续成熟的季节，在保护鸟类的前提下，宜进行有效驱鸟措施。由于一些鸟类啄食果实，不仅直接影响果品的产量和品质，而且被啄食的果实还易被病虫害侵染形成二次危害，使正常的果实生病（图6-21）。

图6-21　鸟害

（2）防控方法

① 套袋法

果实套袋是最简便的防治鸟害的方法，同时也可以防病、虫、农药、尘埃等对果实品质及安全性的影响。套袋时一定要选用质量好、坚韧性强、密封性好的双层果袋。

② 加盖防鸟网

规模化梨园采用加盖防鸟网的措施是最经济、有效的防控鸟害的方式。平原地区的果园采用红色的防鸟网。在冰雹频发的地区，应调整网格大小，将防雹网与防鸟网功能相结合；还可适当再调整网格大小，将防鸟网与防虫网功能相结合。虽然防鸟网成本较高，但可免套袋，从而节省套袋的生产成本。防鸟网每年果实采收后必须收起来，避免受烈日暴晒和风雨侵蚀造成的老化破损。

③ 声音驱鸟

利用鞭炮声、鹰叫声、敲打声、鸟类的惊叫、悲哀声和天敌的愤怒声音等，用录音机录制下来，也可购买专业智能语音驱鸟器，在果园内不定时地大音量播放，以随时驱散鸟类。声音设施应放置在果园的周边和鸟类的入口处，以利用风向和回声增大声音来驱逐鸟类。

④ 颜色驱鸟

果树生产上利用鸟类敏锐的视觉和听觉，在果园中设置闪光的塑料带、风力驱鸟器以及智能激光驱鸟器等装置使鸟远离果园。闪光塑料带是目前多数果园常用的低成本驱鸟方式，主要利用其反光特性来驱逐鸟类；风力驱鸟器主要是在风力的驱动下，通过转动叶轮，使其叶轮上的镜片不断反射太阳光来达到驱逐的目的；智能

闪光塑料带驱鸟

防鸟网

声音驱鸟器

风力闪光驱鸟器

智能激光驱鸟器

仿真猫头鹰形态驱鸟

图6-22　物理防鸟

激光驱鸟器主要是利用鸟类对532纳米波长的绿光光谱极其敏感的特征，发射出该区域内的绿色激光，进而达到驱鸟的目的。

⑤ 形态驱鸟

形态驱鸟是农业驱鸟最传统的方式之一。园行间设置的稻草人、木棍撑起来的衣服等模仿人类的一些物品，通过随风飘动来增加其逼真性，进而达到驱逐害鸟的目的。近年来，仿真猫头鹰模型也得到广泛应用。

⑥ 化学驱鸟

选择使用含有邻氨基苯甲酸甲脂、肉桂醛、樟脑油等天然香料，可缓慢持久地释放出一种影响鸟类呼吸系统、中枢神经系统的清香气体，使鸟儿产生强烈的不适应感而远离果园。但是，驱鸟剂毕竟是散发型，所以一般三天左右就要更换一次药，而且切记一定要使用正规厂家生产的驱鸟剂。具体使用方法：利用挂瓶法张挂液体驱鸟剂，每亩用量50毫升，兑水15～20升，用80～100个瓶子按照“回”字形或“W”形轨迹悬挂装有驱鸟剂的瓶子即可。颗粒驱鸟剂用悬挂法，每亩挂150袋（1.5瓶以上），边缘要重点多放。

（二）主要灾害逆境及防控方法

1. 春季晚霜、低温冻害

（1）发生情况

梨树是一种萌芽及开花较早的果树树种。上海春季3、4月份气温变化较大，导致了梨树在萌芽及开花期发生冷（冻）害，气温降至0℃及以下为晚霜冻。梨树花期不同阶段受冻的临界温度顺序依次：花蕾期＞开花期＞受精期（幼果期）。现花蕾时，它的冻害临界点是−4.0～2.2℃，开放花朵时是−2.0～1.7℃，幼果时是−1.7～1.0℃，持续半小时以上，花、果器官就要受到冻害。梨花开花期的适宜温度是14～25℃，遇到冷空气时，温度低于10℃花粉不能萌发，温度低于5℃花粉管发生冻害。

（2）危害特征

梨花中最早受冻的器官往往是花雌蕊，表现为花柱枯死变黑。花果最易受冻的部位是雌蕊，其次是雄蕊和花瓣，再次就是花萼。萌动的芽受冻后，不能萌发而后干枯脱落。已开放的梨花受冻后，雌蕊首先冻死，花萼起泡，子房内水分结冰脱

图6-23　花期冻害

皮。幼果受冻后萎缩变黄，带梗脱落。在同一树上，内膛受冻害较重，外围受冻害较轻。生长期不同，受冻程度不同（图6-23）。

（3）预防措施

①早春树干涂白

早春用7%～10%的石灰水喷涂枝干阳光会被反射，不至于导致树干温差过大，有推迟果树物候期的作用。

②早春灌溉

在果树萌芽后到开花前灌水2～3次，降低地温，一般可延迟2～3天开花。据报道，在晚霜前采取喷两分钟、停两分钟的间歇喷水法，可使果树花期延迟10天以上。在霜冻到来之时，采用喷水法改善局部小气候，提高气温，预防冻花。

③熏烟法

在梨树花期可利用烟雾法防霜，效果很好（图6-24）。烟雾剂配方为：硝酸铵20%、锯末或残草败叶70%、废柴油10%。烟雾剂每亩可放置3～4堆，在上风头或果园内均匀放置。当果园气温降到-2℃时即可点火放烟。

④利用防冻罩

在倒春寒来临前，利用无纺布等材料制作的防冻罩，罩于树冠上，待气温缓慢回升后去除防冻罩（图6-24）。

熏烟法

防冻罩

图6-24　花期防冻措施

⑤ 做好花果管理

当梨园发生晚霜冻害后应及时停止疏花、疏果，保证能够恢复正常的花果不被疏掉，避免对产量造成影响。同时因为气温骤降，梨树花期能够进行传粉、授粉的蜜蜂、壁蜂等昆虫数量急剧下降，因此应重视梨树人工辅助授粉技术的应用。

⑥ 适当增加花量，利用腋花芽结果

腋花芽分化较晚，春季萌发和开花都比顶花芽迟，梨中以顶花芽结果为主的品种，如有腋花芽形成，应尽量加以利用。花期果树喷施磷、钾肥，提高花器官的细胞液浓度，增强抗寒力，也具有一定的防冻效果。

2. 夏季高温、日灼

（1）发生情况

夏季最高气温超过35℃，局部地区甚至达到40℃的地区，梨树易发生日灼现象。日灼发生主要由高温干旱和温度骤变引起，譬如多日降雨温度较低之后突然出现晴热、高温天气，梨树叶片及果实易发生不同程度的日灼伤害。

（2）危害症状

叶片先黄化然后沿叶脉两侧发黑，直接影响光合作用，导致早期落叶。果实发病初期，梨果的表皮呈现出黄白色，上面会出现圆形或者不规则形的斑点。而后逐渐变为褐色坏死斑，果皮木栓化，导致果实硬度先变硬后变软、糖度提高，但肉质变粗，口感品质下降，最后出现畸形果，烂果和落果的现象（图6-25）。

图6-25　高温日灼

（3）预防措施

① 加强土壤管理

土壤板结严重，会导致根系吸收水肥的能力较低，梨园疏松土壤，增强吸水、吸肥能力让树势增强，提高梨树的抵抗力。高温晴热天气前的雨季适当补充氮磷钾等速效肥有利树体生长和果实发育，一定程度增加叶幕，提高梨树抗高温的能力。

② 排水防涝

梨树在梅雨季和强降雨天气前及时疏通排水沟，如没有排水明渠且降雨量很大，已在梨园造成积水，需立即挖设排水沟，将积水排出，避免根系因涝害吸水能力降低。叶片遇雨后晴热高温、蒸发量变大，易造成叶片失水后的日灼伤害。

③ 果园生草

可减少果园水分蒸发量，提高保水抗旱能力，同时能改善果园小气候，维持土壤温度的恒定，避免日灼的发生。

④ 套果袋

对果实采取套袋，可避免强光直射，降低日灼果发生的风险（图6-26）。

⑤ 搭盖遮阳网

在遇极端高温天气来临之前，可在梨树上方搭盖遮阳网直接降温（图6-26）。

套果袋

盖遮阳网

图6-26 预防高温措施

3. 秋季二次开花

（1）发生情况

梨树秋天开花称为二次开花（图6-27），主要是由于气候（连续干旱高温）、病虫害（如黑星病、黑斑病）、水肥管理等异常，梨树提前落叶，若是此时再遇到适宜的环境温度，休眠叶芽、花芽受到刺激，就会使梨树提前展新叶、开秋花。

（2）危害症状

梨树秋季7～8月提早落叶，树体被迫提前进入休眠状态，开二次花，第二年的花芽质量和数量显著减低和减少，严重的时候第二年梨树出现绝产现象。

（3）预防措施

① 加强采后病虫害的管理

能够引起梨树早期落叶的害虫有梨木虱、螨类、梨网蝽等，主要病害有炭疽病、

图6-27　秋季二次开花

黑星病、褐斑病、黑斑病等病害。加强梨果采后的病虫防治，果农往往易忽视梨果采后的病虫害防治，导致病虫害发生严重，叶片提早落叶，果实采收后应继续喷药2～3次。

② 搞好梨园排灌

梨园遇水涝需及时排水，防治园内积水导致梨树根系吸水、吸肥能力下降，叶片丧失功能，提早落叶。秋季干旱时也需及时灌溉，配合施基肥提高梨树的生长势，尽量保叶，防止梨树早落叶。

③ 采果后及时补肥

果实经过4～6个月的生长发育，消耗了树体大量的养分，采果后树体处于饥饿状态，急需肥料的供给。可在采摘后施入以速效性氮肥为主的复合肥，开浅沟施入，并立即灌水。

④ 及时摘花

及时摘除已开的花，剪除嫩梢，减少树体营养的消耗。冬季修剪不宜过重，尽量保留花芽。对二次开花较严重的梨园可次年春发芽前嫁接花芽，补救产量。

⑤ 其他

选择树势健壮、抗病性强的优良品种，合理控制负载量。

4. 风害

（1）发生情况

大风对梨树的危害分为直接伤害和间接伤害，风害描述详见第二章建园。据调查，上海等沿海地区靠江、海附近的梨园春季风较大，常有7级以上的大风。值得关注的是，沿海地区梨园进入夏季之后，台风频繁，对梨树造成的损害最为严重。

（2）危害症状

梨花期大风可造成昆虫授粉受阻、柱头干枯，直接影响花粉萌发，降低梨的坐果率；风力大的情况下易吹断树枝，果实成熟期前遭遇台风或强对流天气，可导致梨果大量掉落，严重时甚至绝产。

（3）预防措施

① 设置防风林

风害影响最大的是梨园的边缘地带，如果园前后无高大物体遮挡并常年遭风害危害的果园，应在建园前设置防风林，可显著降低风害的影响。

② 搭整形架，固定树体

幼苗（树）定植后，一旁插竹竿用于绑缚、固定梨主干即可保持主干直立向上生长，同时起固定作用，避免幼苗（树）被大风吹弯、吹断。利用水泥或钢材搭设整形架将树（苗）主干、枝条固定在架上，增加梨树的防风能力，其中，沿海边梨园搭建平棚架的防风效果较佳。

③ 调整树形

通过适当的修剪来调整树形，使树形较为紧凑，可有效减少风阻，降低风害。另外，适当降低树体高度，有效增强梨树的抗风能力。

④ 及时整理刮倒树体

台风后不可立即扶正梨树，裸露在外的根系扶正时易受伤，应及时在裸露根系处培湿润的园土，待温度降低，蒸腾减少后扶正并加固梨树；涝后剪掉折裂枝干，摘除伤重果，大伤口涂刷保护剂。根系受损较重的，必要时摘除部分或全部果实，剪掉部分或大部分枝叶，以减少蒸腾散失的水分。

5. 涝害

（1）发生情况

每年6月中旬至7月上旬前后，是长江中下游地区的梅雨季节，雨水多、温度高、湿度大，以及7～9月台风伴有强降水频繁侵袭的时期，正值梨树果实发育至成熟的关键时期，高温、高湿的气候会给果树病虫害的发生和蔓延提供有利的条件。

（2）危害症状

在高温多雨梅雨季节，不仅梨树褐斑病、轮纹病、黑斑病等病害会猖狂发生，而

且梨树营养生长旺盛，花芽分化不良，影响第二年产量。梅雨季多雨或者台风引起的强降雨天气，会导致梨园排水不利，易引起园地内涝，土壤中氧气匮乏，梨树根系呼吸受阻，烂根，提早落叶，二次开花等，严重时甚至会造成死树现象（图6-28）。

图6-28　涝害

（3）预防措施

① 深挖沟、做高畦

梨园排水沟渠在降雨之前及时清理、疏通，地下水位低的梨园建议通过排水沟加宽、加深，或增加排水沟数量的方式提升梨园排水，防内涝的能力，同时通过做高畦的方式降低地下水位，降低梨树淹水的风险。

② 及时排出园内积水

梨树长时间浸水，会导致根系因缺氧大量死亡，所以需及时排水，土壤稍干时进行翻地，提高土壤透气性（图6-29）。大雨中常伴有风的侵袭，雨后应及时清理梨园，主要清除断枝、落叶、落果、烂果，并集中处理，以减少侵染源。对梨树断枝进行修剪，对根系受伤严重的梨树适当摘除部分叶片和果实，以降低蒸腾，减轻负荷。

清理排水沟渠

强排水系统

图6-29　排涝措施

③ 雨前病害防治

雨前喷施保护性杀菌剂预防病害发生，大雨过后喷施内吸性杀菌剂，为加强喷药效果，可在药液中加入助剂(没有助剂可用洗洁精或洗衣粉代替)。随着高温多雨季节的来临，危害梨的病虫易爆发成灾，应抓好以梨黑星病、黑斑病、轮纹病、梨网蝽为主的病虫防治工作。

④ 灾后追肥壮树

受涝对树势影响很大，应及时追肥补充营养，可喷施优质叶面喷肥，或根际追施复合肥等。

6. 冰雹

（1）发生情况

梨树果实发育的关键时期由于强对流天气可能引发冰雹，直接影响当年梨果产量，造成直接经济损失，而且影响树势和来年产量。

（2）危害特征

冰雹常伴有大风可造成梨树不同程度落叶、落果、折枝和伤果（图6-30）。轻者树叶破碎、小枝破皮、果实冰雹砸伤果面出现伤痕；重者树叶被打光，多年生枝表皮伤痕累累，果实大部分被打掉，留在树上的果失去经济价值。

图6-30　冰雹灾害

（3）预防措施

① 高射炮防冰雹（化学催化法）

气象部门利用火箭或高射炮把带有催化剂（碘化银）的弹头射入冰雹云的过冷却区，药物的微粒起了冰核作用，过多的冰核分化为冷水是不让雹粒长大或拖延冰雹增大的有效措施。

② 搭设防鸟防雹网

防鸟防雹网是一种最有效的并可同时防鸟害和冰雹危害的简易设施（图6-31）。防雹网较普通防鸟网孔隙小，孔隙在8毫米左右。搭设防雹网的投资成本较高，每亩需3 000元左右，建议在频发冰雹的地区使用。

③ 灾后及时清理梨园

冰雹后需及时清理园内残枝、残叶和重伤果、落果。被砸断的枝干，应及时剪除，并剪平伤口，涂保护剂，以利于愈合；被冰雹砸伤的果，摘除无商品价值的伤果，减少当年损失。

图6-31　搭设防鸟防雹网

④ 灾后加强病虫害防治

雹灾后梨树体、叶片、果实伤口较多，会加重黑星病的发生。为预防黑星病的爆发，在尽早摘除伤果的同时，连续交替喷施代森联加三唑类（苯醚甲环唑、戊唑醇、腈菌唑等），或代森锰锌（或代森联加甲基硫菌灵）对病害进行有效预防。

七 采收及商品化处理

（一）果实采收

1. 适时采收的重要性

果实采收是果品生产最重要的环节之一。果品采收不当会影响果品的品质及耐贮性。联合国粮农组织的调查显示，发展中国家在采收过程中造成的果品损失率高达8%～10%。

采摘过早，果品器官还未达到成熟的标准，产量低、品质差，果实品种固有的色、香、味还未充分表现出来，果品商品性差。采摘过晚，果实已经完全成熟，接近衰老阶段，果品采收后在贮运、销售过程中腐烂率显著升高，果品损耗率高。因此，果品的适时采收是保证果品商品性的最后一个生产环节。

2. 采收成熟度的确定

（1）采收成熟度的分类

果实采收的早晚主要取决于成熟度（图7-1）。采后成熟度根据品种特性、用途而确定适宜的采收成熟度和采收期。果实的成熟度分为可采成熟度、食用成熟度和生理成熟度。

未成熟果实　　成熟果实

图7-1　果实成熟度辨别

可采成熟度是指果实已完成了生长和营养物质的积累，大小已经定型，开始出现本品种近于成熟的各种色泽和性状，已达到可采阶段（7～8成熟）。这时果实还不完全适于鲜食，但却适于长期贮藏和运输。

食用成熟度是指果实已具备本品种固有的色、香、味、形等多种优良性状，达到最佳食用期的成熟状态（8～9成熟）。这时采收的果实仅适于短途运输，就地销售，也可用来加工果汁、果酒、果酱等，但已不适于长期贮藏和远销。

生理成熟度是指植物器官在生理上达到充分成熟的程度。梨果品以种子充分成熟为标准。此时果肉组织开始软化，果品固有品质和营养价值开始下降即失去商品价值，不适宜食用，更不适于贮藏。

（2）采收成熟度的判断标准

判断果实采后成熟度的方法分为常规的有损检测和快速的无损检测两类。根据品种、发育时期综合确定采收标准。

有损检测通常观测外观指标后需要切开果肉观察种子的颜色，使用常规硬度计测定果肉组织硬度，使用折光仪测定果实可溶性固形物含量，利用液相色谱仪测定果实糖、酸等风味品质指标，以及利用其他仪器有损测定果实成熟度的一系列品质指标（图7-2）。

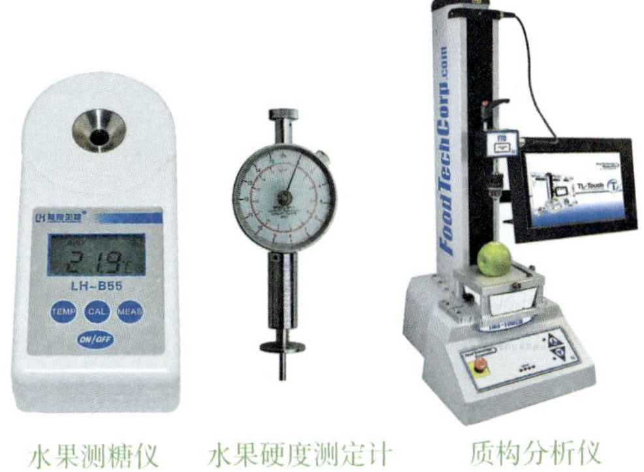

水果测糖仪　水果硬度测定计　质构分析仪

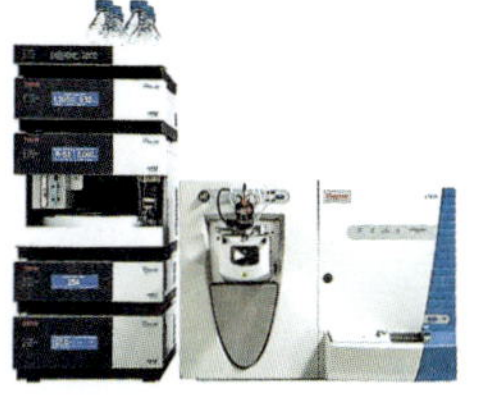
液相色谱仪（糖酸成分检测）

图7-2　果实品质有损检测仪器

无损检测是指利用果品的物理特性，如电磁特性、声学特性、光学特性和化学特性等对果品快速进行非破坏性品质检测的方法（图7-3）。利用水果近红外吸收光谱的分布强度，应用先进的数字建模技术，实现水果糖度和酸度的快速无损检测。利用冲击力技术检测果实硬度等。无损伤检测技术检测速度快，适合于大规模果品生产的在线检测和分级，从而实现自动化商品分级包装处理。采收成熟度的判断标准分为以下几个方面：

① 色泽

梨果皮色泽包括底色和面色。一般梨果实成熟底色由深色转为浅色如

无损伤便携水果测糖仪

无损伤果品品质检测仪

图7-3　果实品质无损检测仪器

深绿色转为浅绿色或黄绿色，或者面色转红色，可根据品种固有色泽的显现程度，作为成熟度的判断标准。

> **小贴士**
>
> **采后原则**
>
> 适时、无损、保质、保量、减少损耗。

② 果实硬度

随着成熟度的提高，果实的硬度随之减小。可根据专业硬度测定仪器测量果实硬度来确定果实的成熟度。

③ 果实形态

果实成熟后，果品的形态及大小呈现品种固有特性，并稳定不再发生显著变化，根据果实形态来鉴别果实的成熟度。

④ 主要化学物质含量

果品中化学物质如糖、酸以及糖酸比的变化均与成熟度有关。可以通过专业仪器测定这些化学物质的含量来确定采收时期。梨的糖酸比为30：1左右时适宜采收。

⑤ 生长期和成熟特征

不同的梨品种都要经过一定的生长发育天数才能成熟，可根据生长期来确定采收的成熟度。如翠冠生育期大约110天，早生新水发育期大约100天。

⑥ 果梗脱离难易程度

梨果实成熟时果柄与果枝之间会产生离层，接近成熟期果实易脱落。可根据果梗脱离的难易程度来确定果实采收成熟度。

⑦ 其他

有些梨品种可根据果实表面的蜡质层薄厚，种子颜色等特征来确定采收的成熟度。

3. 果实采收方式

（1）采收方式

果实采收方式分为人工采收和机械采收。目前以鲜食为目的的果品采收仍以人工采收为主。果品采收在生产管理中的用工量约占果品田间作业量的1/3～1/4，随着劳动力成本逐渐升高，机械代替人工采收将成为采收作业的发展趋势。目前，世界上很多国家采摘鲜食水果时采用人工采收和机械采摘相结合的方式，既避免了果品采收时产生的机械损伤又大幅提高了采收、运输的工作效率。然而，随着果园智能机械化的发展，全程机械化采收必将成为未来果品生产的趋势。

（2）采收方法

① 人工采收

梨果采摘前需要准备的工具包括采果剪刀、乳胶或棉线手套、内壁光滑、柔软的采果篮子、采果袋、采果筐、采果梯，其中机械化果园采摘平台可代替采果梯（图7-4）。采收以晨露已干、天气晴朗的上午10点前及下午5时以后为宜，下雨、有雾

图7-4　人工采收工具

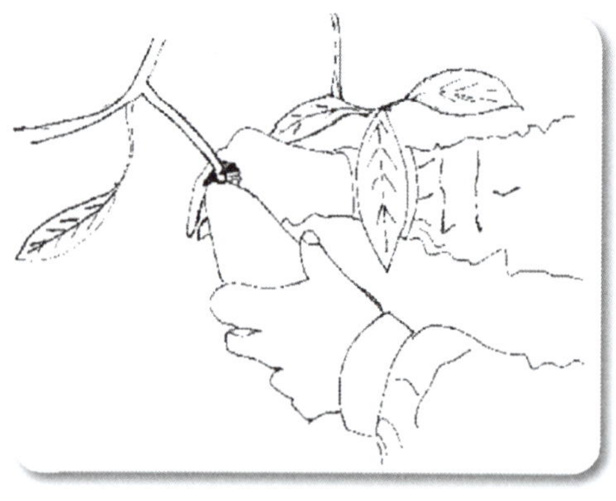

图7-5 人工采摘方式

或露水未干时不易采收。必须在雨天采收的果实，需放置在通风良好的场所，尽快晾干。采果人员要求剪短指甲或戴手套，避免掐伤果实。摘果时需要求带果袋采摘，避免果实收到机械损伤。摘果时用一只手握住果实底部，另一只手持剪刀连果柄和果实一同剪下，或拇指和食指捏住果柄上部，向上一抬果柄和果实一同摘下（图7-5）。注意保护果柄，切勿生拉硬拽，破坏果柄，无果柄的果实被视为等外果，直接剔除。摘下果实后轻轻放入采果篮、采果袋或采果筐内，轻拿轻放、整齐排列，尤其是果皮较薄的梨品种果实在采果容器内避免2层以上的叠放，避免出现挤压伤。严禁地面落果和所采鲜果混合盛放。

人工采收的优劣势是可实现分期采收，机械损伤小，但用工成本高、效率低。

② 机械化采收

果实采收机通常采用振动采收机或振摇式采果机采摘果实，一般使用强风压或

果树振动采收机

果园采摘作业平台

果品周转箱装卸叉车

果品采摘传送带

图7-6 机械采收工具

强力振动机械（用一个器械夹住树干并振动），迫使果实脱落，在树下布满柔软的帆布传送带，以盛接果实，并自动将果实送至分级包装机内（图7-6）。与人工采收相比，梨果的机械采收成本约降低40%～50%。

机械采收优劣势是效率高，用工成本低，仅适于成熟时果梗与果枝间形成离层的果实，由于有些品种的梨采后成熟度不一致，机械采收易造成机械损伤。

（二）采后商品化处理

采收商品化处理是果品为保持和改进质量并使其从农产品转化为商品的一系列采收处理过程的总称。主要包括挑选、清洗、预冷、熏蒸、涂膜、分级、包装等环节。

1. 整理挑选

挑选是果品采后处理的第一个环节。利用人工或机械设备先初步修理果品，剔除不可使用的部分，如叶、果枝、果柄等，随后剔除机械损伤、病虫害伤、着色度不够、外观畸形等不符合商品要求的果品，以利于市场销售（图7-7）。由于果实内部病变不利于肉眼辨别，可利用高清相机、视觉光源及控制设备组成的无损伤检测设备将表皮损伤、虫斑、风斑、畸形、碰压及擦伤等果剔除，挑选初步具有商品性的梨果品。

图7-7　人工整理挑选果品

2. 清洗

清洗是商品化处理中的重要环节，是采用浸泡、冲洗、喷淋等方式水洗或用干（湿）毛巾、毛刷等清除果品表面污物，减少病菌和农药残留，使其符合商品要求和卫生标准的果品商品化处理方法（图7-8）。洗涤过程还可加入适量杀菌剂起杀菌防腐的作用。水洗后要及时进行干燥处理，除去表面水分，以免引起腐烂。应用果实

图7-8　果品清洗

套袋方法生产的果品，由于果面洁净，可免去洗果环节。

喷淋洗剂配方常用含1%稀盐酸加1%石油的溶液，浸洗1～3分钟，或0.2～0.5克/升的高锰酸钾溶液，清洗2～10分钟。梨果品杀菌防腐可用0.5克/升的托布津或多菌灵溶液。贮藏期预防梨果生理性病害可用1～5克/升的氯化钙溶液。

3. 熏蒸

梨果实内如遭受梨、桃小食心虫、苹果蠹蛾等虫害的危害，肉眼难以识别，可利用二硫化碳熏蒸，防治效果较好。用药量及熏蒸时间因温度而定，15～25℃时，每1 000米^{3}用药1.5千克，熏蒸24小时；10～15℃时，用药量为2千克，熏蒸36小时。

4. 涂膜（打蜡）

涂膜也可称为打蜡是指在果品的表面涂一层薄膜的方法。

（1）涂料种类

涂料的种类繁多，除了用石蜡、巴西棕榈蜡和虫胶等，也可用以蜡为载体，加入一些化学物质，减少水分蒸发，保持梨果新鲜饱满；抑制果实气体交换，降低呼吸强度，减少营养消耗；防治微生物侵染果实，减少果品腐烂、增加果皮光泽，美化外观，提高果品商品性。

（2）涂膜方法

打蜡一般在洗果后进行，方法有人工涂蜡和机械涂蜡等（图7-9）。涂蜡的方法有浸涂法、刷涂法、喷涂法、泡沫法和雾化法。涂膜厚薄要均匀，过厚会导致果实无氧呼吸

图7-9　果品打蜡

易腐烂变质。梨果品清洗设备包括洗果、喷蜡、干燥等作业环节。

5. 分级

分级是指按照一定的品质标准（外观品质、内在品质）和大小规格将果品分为若干个等级的措施，是实现果品标准化和商品化最为重要的环节。分级可以使果品在大小、色泽、品质等基本达到一个级别达成一致性，便于在生产者、收购者和流通渠道中的各环节提供贸易语言，为制定市场价格提供依据。

（1）果品的分级依据

主要是根据果实外观和果实理化指标进行分级，具体的分级标准因品种而定。品质等级一般是根据产品的性状、色泽、损伤、有无病虫害状况、果型、单果重、可溶性固形物等分为特等、一等及二等（表7-1、表7-2）。绿色果品分级梨果的外观分级标准以及农药残留限量应符合NY/T 423的要求。

表7-1　梨果实外观等级

项目		等级		
		特级	一级	二级
基本要求	果实外观完整度良好，新鲜洁净。无不正常的外部水分。无异嗅及异味，具有贮存或市场要求的成熟度			
果形	果形端正，具有本品种固有的特征，果梗完整		果形较端正，具有本品种固有的特征，果梗完整	允许果形稍有不正，但不得有畸形果，允许果梗有轻微缺损
色泽	具有本品种成熟时应有的色泽，各主要品种的具体规定见表7-2			
气味	无异味或正常气味			
果面缺陷	碰压伤	不允许	不允许	允许损伤总面积不超过0.5平方厘米
	刺伤、破皮划伤	不允许	不允许	不允许
	梗洼处果皮损伤	不允许	不允许	允许损伤总面积不超过0.5平方厘米
	磨伤（机械性）	不允许	不允许	允许轻微磨伤一处，面积不超过0.5平方厘米
	水斑	不允许	不允许	允许轻微薄层总面积不超过果面的0.5平方厘米

续 表

项目		等级		
		特级	一级	二级
果面缺陷	日灼	不允许	不允许	允许轻微日灼不超过1平方厘米
	裂果	不允许	不允许	不允许
	病斑、虫斑、药斑果	不允许	不允许	不允许

注：果面缺陷不超过两项

表7-2　梨果实理化指标

品种	色泽	果型	特级		一级		二级	
			单果重（克）≥	可溶性固形物（%）≥	单果重（克）≥	可溶性固形物（%）≥	单果重（克）≥	可溶性固形物（%）≥
翠冠	绿色有锈斑	近圆形	400	12.5	350	12.5	300	11.5
早生新水	褐色	扁圆形	300	12.0	250	12.0	200	11.5
沪晶梨18号	褐色	扁圆形	350	12.0	300	12.0	250	11.5
沪晶梨67号	褐色	圆形或扁圆形	350	12.5	300	12.5	270	12.0

注：同一等级重的单果重差在25～30克以内

（2）分级方法

梨果品分级的方法有人工分级法和机械分级法。

采取人工分级，梨果实大小通常用分级板、比色卡等作为分级的参照物。手工分级误差较大，对果形、色泽、果面洁净度等项指标只能靠目测和经验来判断，综合多项指标进行分级难度大，工作效率低，但果品机械损伤率较低。

机械分级按果品大小、重量以及果实内部的糖度、酸度、成熟度等进行分级。果品大小分级设备是利用由小逐级变大的缝隙或筛孔，小的先分选出来，大的后分出来或利用光电系统的遮光测量其外径和大小。重量分级设备根据果品的重量分选，利用电子天平或电子秤用备选果品的重量与预先设定的重量进行比较分级（图7-10）。智能无损检测果蔬分选机，利用近红外（Near Infrared，NIR）技术，无需切

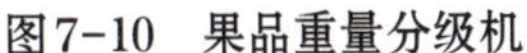
图7-10 果品重量分级机

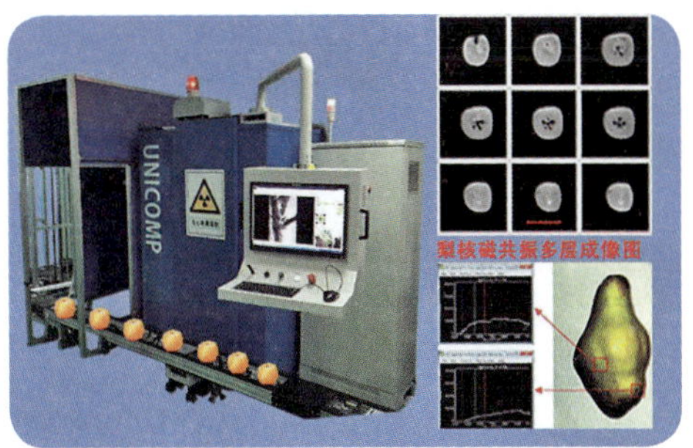

图7-11 无损伤果品检测

开果蔬即可对其内部的糖度、酸度、成熟度等进行检测和综合分级，同时可辨别肉眼无法识别的果肉内部瑕疵，如梨黑心病、水心病等（图7-11）。

6. 包装

合理的包装可以保证果品安全运输和贮藏、减少果品因摩擦、碰撞和挤压造成的损失，同时，减少梨果病虫害的传染和水分蒸发，使果品在流通中保持良好的稳定性、美观性、提高商品价值。设计精美的包装也是商品的重要组成部分，是贸易的辅助手段，为市场交易提供标准规格单位，有利于充分利用仓储空间。

（1）包装材料的选择

根据果品的特点和要求以及用途应选择适宜的包装材料，如：运输包装、贮藏包装、销售包装等应分别进行设计。包装除应具有保护性、通透性、隔热性、防潮性等特点外，还应达到清洁、无污染、无有害化学物质、内壁光滑、美观、重量轻、成本低、便于取材，易于回收及处理等特征，并在外包装上注明商标等内容。

（2）包装材料的分类

包装材料分为外包装材料和内包装材料（图7-12）。外包装材料包括塑料（筐）箱、木箱、纸板箱、泡沫箱及竹筐等。内包装材料也称辅助包装材料，主要用于调节包装内果实周围的湿度和气体成分延长果实保鲜期，主要分为聚乙烯（PE）、聚丙烯（PP）、聚氯乙烯（PVC）等塑料薄膜、包果纸、纸托盘、瓦楞插板、泡沫塑料或纤维素层等。绿色果品的包装安全卫生要求、生产要求、环保要求、标志与标签要求和标识等应符合NY/T 658的相关规定。

（3）包装方式

梨果品包装方式分为定位法、散装法及捆扎法等。通常精品梨果及长途梨果运

梨果内包装

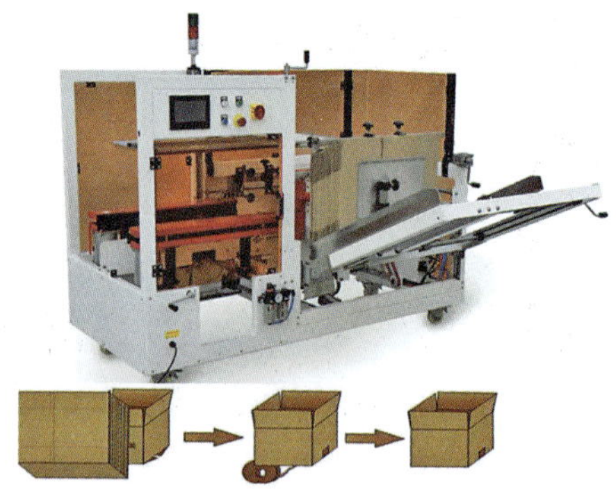

自动成型外包装箱

图7-12　内、外包装

输推荐使用定位法进行包装。定位包装容器内有一定的排列形式，分为直线式、对角线式和交叉式。先在箱底平放一层垫板，加上格套，用醋酸纸、塑料网套包好的果实放入格套内，每格一果，放好一层后如包装容器体积较大的情况下可采用中间内隔板分层分隔，再放置格套，继续装果至满。最后再放置垫板一块，封盖、密封、捆扎。梨果每箱包装按净重常见为5～10千克。按果实数量6个、9个、12个、24个、48个等。

梨包装箱密封后在箱外按规定贴好标签和溯源二维码。包装好之后应放置在冷凉，相对干燥的地方暂存。包装过程中需注意应轻拿轻放，装果量适度，防止过满或过少而造成损伤。不耐压的梨品种，如早生新水，包装箱（盒）内应添加衬垫物或包装气囊，减少果品的摩擦碰撞。

7. 预冷

预冷是给果品创造良好温度环境的第一步，将新鲜采收的梨果品在运输、贮藏或加工之前迅速去除田间热，将果品温度降低到适宜温度的过程。

（1）预冷的作用

预冷的作用是通过降低果品的呼吸强度，散发田间热，降低果品温度值适宜运输或者贮藏的低温，以最大限度地保持其新鲜度、品质和耐贮性，同时还可减少果树贮藏后制冷设备的能源损耗，缩小果品和库温的差距，防治结露现象的发生，以免加重病害或腐烂率。梨果品采收后带着田间的余温如不及时进行预冷，果实会加速失水萎蔫、腐烂变质。

（2）预冷方法

预冷方法包括：自然降温冷却、水冷、风冷却、真空冷却等。自然降温冷却是最简便易行的遇冷方法，是指将采收后的果品放在阴凉通风的地方，使其自然散热（图7-13）。该方法成本低、降热速度慢，无法达到果品所需要的预冷温度，但可以预先利用该方法降温后再结合其他制冷方式，可减少能耗。

图7-13 果品预冷

① 自然降温冷却

将果品放在阴凉通风的地方，让果品散去田间热的方法。该方法常利用夜间低温使其库温下降。还可将采收装筐后的果品放在树下，夜间坦露，白天遮阴，使之自然冷却，然后入库。该方法不适宜温差小，气温高的地区。

② 水冷却

用冷水喷淋果品或将果品浸入冷水中，使其降温的一种冷却方式。优点在于冷却速度快，兼有清洗功能；缺点在于产品被水润湿后易携带细菌。通常保持水温在1～3℃之间，预冷速度快，时间约30分钟。冷水预冷存在一定的局限性，适合耐贮性较强的梨品种，翠冠、黄花、清香等属耐贮运类型品种，适合冷水预冷；早生新水、沪晶梨18号等属于不耐贮运类型品种，不适合冷水预冷。

③ 风冷却（风冷法）

风冷却可分为库内预冷法、强制通风预冷法和压差通风预冷法等。

库内预冷法是指将装有果品的容器放在冷库内依靠冷风机（吊顶风机）吹出的冷风进行冷却的方法。优点是简单易行，但缺点是冷却速度慢，一般需24小时以上。适于不易变质耐贮藏的梨果品种。预冷时包装不宜过大，预冷时打开内包装促进降温。

强制通风预冷法是在具有较大冷制能力和送风量的冷库中，用冷风直接给果品降温的方法。冷却速度快，具有预冷后直接入库贮藏的优点。一般将果品温度由25～30℃降低至4℃左右，约需3～8小时。压差预冷的效果与包装箱内的摆放形式、包装箱开孔大小、形状等因素均有密切关系。

压差通风预冷法是在强制通风预冷法基础上进一步改进的预冷方法，利用冷库内安装的压差风机使果品包装容器的两端形成一定的压力差，将果品快速冷却的方法。压差通风预冷过程中果品包装容器要求规格一致，箱子两侧要有通气孔，预冷过程中，将箱子孔对孔堆叠排列压差分机强制抽吸或吹进冷空气，在箱子两端形成压力差，使冷空气有效地流经箱内，可以明显提高果品的预冷速度。压差预冷法与强制通风预冷法相比，有效提高了预冷果品的预冷速度。一般可在5～7小时内将果温从30℃左右降到5℃左右。

④ 真空冷却。

在减压条件下使果品表面水分蒸发，通过水分蒸发带走果实热量，达到迅速降温目的的方法。真空预冷的优点为降温速度快，可在5～30分钟内使果品迅速冷却到1～3℃。果表面积大越大的（表面积/体积）果品真空预冷效果较好。

8. 储藏

（1）入库码垛

梨果入冷库前，按采期、等级、品种分开堆码并悬挂标牌。香气浓郁的梨品种不能与无香气的梨品种混贮，储藏性状相似的品种尽量同库储藏。

果箱码垛注意层排整齐稳固，货垛排列方式、走向及垛间隙应与库内空气环流方向一致，入冷库时周转箱有“品”字形和“蜂窝”形2种摆放方式。包装件堆码密度为250千克/米^{3}左右；如用大箱，储藏密度可提高10%～20%，但有效容积贮量应小于300千克/米^3。果品货箱距冷库顶棚0.3米，距顶排管下侧0.3米，距顶排管横侧0.2米，距无排管的墙0.2米，距墙排管外侧0.4米，距冷风机周围1.5米，距风道底面0.2米。

（2）入库前杀菌

冷库中温度低、湿度大易滋生多种霉菌，梨果品入库前，冷库若不定期消毒，果品容易霉烂缩短储藏期，造成果品损失。

① 传统消毒

传统消毒方式包括甲醛和过氧乙酸熏蒸等，操作较为繁琐，并且易造成冷库墙壁、货架、设备和果品的污染。

② 臭氧消毒

梨果品入库前，（0±5）℃冷藏配合每隔15天臭氧处理30分钟可有效抑制冷藏期间果实硬度、可溶性固形物及可滴定酸含量的下降，降低了鸡爪病、黑心病的发病率及烂果率，较好地保持梨果实的固有风味。

③ 紫外线消毒

利用辐射照度值达1 600微瓦/厘米^{2}的紫外线（Ultraviolet，UV）灯给冷库杀菌消毒，它既能杀菌，又能除霉，有效防止冷库的二次污染，还有一定的除臭的作用。

④ 辐照保鲜

通过辐射源产生的γ射线或者加速器产生的高能电子束（Electron beam，EB）辐照果品，达到杀虫、灭菌，延长保鲜期的目的，它是一种新型果品储藏保鲜加工技术。冷库入库前，梨果品用0.5～1千戈瑞的辐照剂量进行辐照处理，可显著降低早生新水梨果实冷藏期间果实的腐烂率和失重率，使果实保持固有风味和外观色泽。结合低温（1±0.5）℃，相对湿度为80%～85%的冷库储藏，可使梨果实冷藏期延长至30天，货架期延长至5天。

（3）储藏方式

① 通风库储藏

一种利用冬季低温、昼夜温差大且有隔热功能的通风库，使果实处于相对稳定低温条件下的储藏方法。果实入库前要对库房做好清洁和消毒工作。果实分级挑选后装箱（筐），果箱（筐）内衬有厚0.06～0.07毫米厚的聚乙烯保鲜袋。对低温较为敏感的梨品种要注意防冻保温。入室后如若白天室温较室外低，夜间较室外高时，白天宜在门窗上挂布帘，晚上应把门帘全部打开，充分借助于外界低温与室温对流，以起到使室温降温的作用。当外界气温低于0℃时，窗要密封，门上吊棉门帘，维持温度。通风库内温度维持在0～2℃，相对湿度维持在85%～90%，干燥时通过地面洒水增加湿度，储藏中打开袋口注意通风。

② 机械冷库储藏

果实储藏前应对库房做好清洁、消毒准备，入库前一周开机，将库内温度稳定在0℃左右。未经预冷的果品不能直接入库，否则会加重梨黑心病的发生。一般要将果实放在预冷间预冷，或将果箱单层摆放在库内，待果温降至10℃时入库，每周降低1℃，降至7～8℃后，每三天降低1℃，直至降至0℃左右，共需经历30～50天。当入库果量较多时，垛与垛之间要留有0.5米的空间，堆垛要离墙面20厘米，低于库内通风管0.5米，垛底要垫15厘米高的木块，还需留有1.0～1.2米宽的通道。正常贮存时，库内温度变化不应超过1℃，要尽最大限度缩短库门的开关次数，避免门旁的果品垛温度波动过频，避免果实发生冷害、冻害。一旦库内发觉异味，如梨的香气时，要立刻在夜间做好通风。翠冠、早生新水、沪晶梨18号、沪晶梨67均属于低温敏感性品种，预冷时冷库温度应为10℃以上，冷库最佳储藏温度应逐渐降至（1+0.5）℃即可，相对湿度保持在85%～90%。

③ 气调储藏

通过调控果品储藏环境的气体条件及环境来延长果品储藏期和货架期的技术。目前常用的气调储藏方式有5种：塑料薄膜气调储藏、硅窗气调储藏、催化燃烧降氧气调储藏、充氮降氧气调储藏和低乙烯气调储藏。

在低温储藏的基础上改变储藏环境的气体成分，降低氧（O_2）含量至2%～10%，提高二氧化碳（CO_2）的含量到0%～5%，有效抑制呼吸作用，延长衰老及有关的生理生化，可使梨果实的储藏期延长1倍，出库后货架期可延长三周左右，是普通冷藏的3～4倍，保持果实固有品质及色泽。气调储藏可延长果实的保鲜期，抑制果实褐变的发生，但不同品种梨果品适宜的气调参数和冷害临界点均有较大差异。以早生新水为例，1%CO_2 + 8%O_2 + 92%N_2的气体配比结合温度为（1 ± 0.5）℃、相对湿度为80%～85%的冷藏参数，可使果实的冷藏期延长至60天。

长期气调储藏的果实，当库内CO_2含量高于2%时，应进行通风换气，降低库内CO_2含量以及乙烯等有害气体的积累。建议储藏前期和后期每天通风换气1～2天，中期每2～3天通风换气1次，每次1～2小时。

④ 1-MCP结合低温储藏

1-MCP是一环丙烯类化合物，是一种新型乙烯受体抑制剂，抑制果实后熟，具有无毒、无异味、稳定性好、使用浓度极低等诸多优点。研究发现利用1.0微升/升的1-MCP处理并结合（4 ± 1）℃的低温冷藏技术可显著提高翠冠梨果的储藏期。

⑤ 塑料小包装自发气调储藏

常见的自发气调储藏有塑料袋小包装法、大帐法和硅窗法等几种。可有效减少梨果品储藏时失水皱皮等现象，如利用塑料小包装气调储藏的丰水梨可比普通冷藏的保鲜期延长1个月以上。

⑥ 塑料薄膜（PE、PVC）小袋气调储藏

小袋储藏一般用厚度为0.02～0.07毫米的聚乙烯袋，袋的大小尺寸可依据梨果品种而定，每袋装果品量一般不超过10 kg，便于搬运。先统一敞开袋口入库预冷，使果实温度降至0℃左右扎口，储藏中袋内CO_2浓度应低于3%，CO_2积累过高会对造成果实褐变等伤害，因此在储藏期间应根据袋内气体情况间隔一段时间进行开口通风。

⑦ 塑料大帐气调储藏

大帐一般选用0.1～0.25毫米厚的聚乙烯或无毒聚氯乙烯塑料薄膜，制成长方形

大帐，大帐体积根据储藏量而定。单帐的储藏量要小于5吨。将坡顶倾角制作成为40°，露水可沿坡面内侧流下，可防止水滴滴入果实，帐内氧气含量应不低于4%，二氧化碳气不高于3%，余者充氮气。

（三）果品运输

1. 运输方式

梨果的运输方式包括：道路运输、铁路运输、水路运输和空运运输四种方式。

道路运输适用于中、短距离运输方式。道路运输包括普通卡车、冷藏卡车等。铁路运输是中国长距离大宗果品运输的主要方式。铁路运输工具包括普通厢车、通风绝热车、冷藏车等。水路运输中短距离运输工具包括木船、小船、帆船等，长途运输工具包括大型船舶和远洋货轮。空运适合国内或国际远距离、快速运输，适宜高档梨果品。其中，冷藏集装箱、气调集装箱装载在汽车、火车、轮船上用于长途梨果品运输，因内部装有机械制冷控温设备，能达到果品稳定低温冷藏的效果，它们将成为未来果品长途运输的主流。

2. 运输关键技术

（1）前预处理

梨果品在冷藏运输前需先进行预冷处理，可有效降低果实的呼吸代谢，减少果实的水分流失、微生物侵染及运输工具的热负荷。梨果建议可在运输前先放入冷库预冷，预冷温度控制在2～8℃。

（2）装车堆放

利用车厢运输果品之前应进行防腐保鲜处理，采用熏蒸法使用仲丁胺液剂和TBZ烟剂。果品安装上车需严格做好包装工作，严禁散装堆放，用果箱包装，以免相互摩擦；装车时可用品字形堆垛，避免运输工具行驶过程坍塌或压伤下层。运输过程中应做好果品质量防护工作，防止雨淋、日晒、冻害、风干，还需做好通风。装卸果品时应轻拿轻放，周转时需要快卸快运，夏季高温需要将卸下果品加盖棉毯再入库，避免升温后降温果表面结霜露。

（3）运输条件

冷藏运输梨果品1～3天的冷藏温度应控制在0～5℃；运输4～6天的冷藏温度控制在0～3℃，湿度均控制在85%～90%。

3. 全程低温冷链运输

为了保证梨果品的高品质，从生产到消费需要维持一定的低温，即新鲜梨果采收后生产、贮存、运输配送、流通、加工、销售直至消费终端的过程中，始终保持恒温或低温环境，以防止梨果新鲜度和品质的下降，这种连贯的低温冷藏技术体系称为冷链保藏运输系统。冷链系统中任何环节欠缺，就将破坏整个冷链保藏运输系统的完整性和实施。下图所示整个冷链系统包含了一系列低温处理冷藏工艺和工程技术，低温运输在其中起着联系、串联的作用。

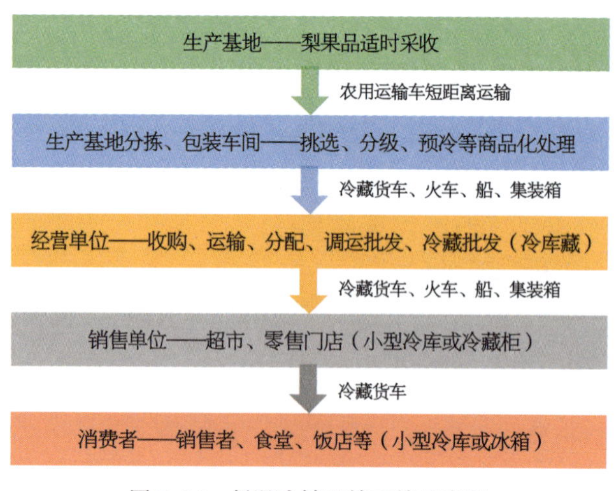

图7-14　低温冷链运输系统示意图

质量安全管理

（一）管理制度

我国自20世纪80年代起陆续制定并实施了《产品质量法》《食品卫生法》等一系列农产品质量安全监督管理有关的法律法规，后续还颁布实施了《农产品质量安全法》，奠定了我国农产品质量安全监督管理的法律基础。

1. 投入品管理制度

农业投入品是指在农产品生产过程中使用或添加的物质，包括种子、种苗、农药、肥料等农用生产资料产品，应按照产品标签规定正确使用。其中，农药使用时应注意施药剂量（或浓度）、施药次数和安全间隔期。不得使用禁限用农药。

投入品管理应实行专人管理、闭环管理，并建立进出库台账。

2. 质量可追溯制度

鼓励生产主体信息上网，如神农口袋等平台。采用现代信息技术手段采集、留存生产记录、购销记录等生产经营信息，实现全程可追溯。

3. 承诺达标合格证制度

生产主体应在严格执行现有的农产品质量安全控制要求的基础上，对所销售的产品开具承诺达标合格证，鼓励带证上市。

（二）风险管控关键点

梨果品全产业链生产过程从质量安全的角度出发，需要对建园选址、品种选择、栽培管理、绿色农药、肥料投入品的选择进行标准化，以规避生产风险。全产业链标准化的生产是实现梨果从果园到餐桌过程中确保安全的关键。上海梨全产业链生产风险管控关键点可参考相关文献与标准列举如表8-1：

表8-1　梨全产业链生产风险管控关键点

序号	关键点	主要风险因子	参考标准
1	产地环境	空气污染、水污染	NY/T 391 绿色食品 产地环境质量
2	生产投入品	农药、重金属污染	GB/T 8321 农药合理使用准则 NY/T 393 绿色食品 农药使用准则
3	套袋	病虫源	GB/T 19341 育果袋纸
4	施肥	化肥使用量、重金属污染	NY/T 394 绿色食品 肥料使用准则
5	采后包装储运	致病菌	GB/T 33129 新鲜水果、蔬菜包装和冷链运输通用操作规范 NY/T 1198 梨贮运技术规范 NY/T 3104 仁果类水果（苹果和梨）采后预冷技术规范
		生物毒素	NY/T 1778 新鲜水果包装标识 通则 NY/T 658 绿色食品 包装通用准则
		生物毒素、致病菌	NY/T 1198 梨贮运技术规范

1. 产地环境风险管控

产地环境是绿色梨果品生产的前提。梨园在建园前应对预选园地的土壤重金属含量、灌溉水源、地下水位等指标进行调查及检测，剔除产地环境不符合国家标准规定的或水位极高的低洼地。地下水位较高地区园地需通过挖深沟、做高畦的方式将地下水位降至0.8米以下。

2. 生产风险管控

品种选择是绿色梨果品生产的基础，品种选择除需要考虑梨品种的感官品质（视觉、嗅觉、味觉和触觉）、营养品质、贮藏加工品质以外，还需考虑梨果实的安全品质，包括梨果实中的农药、重金属以及化学调节剂的残留限度。这些残留物的含量均根据NY/T 423的规定控制在限度以下。

3. 生产投入品使用风险管控

梨生产中严格禁止使用剧毒、高毒、高残留的农药，绿色梨果品生产需根据NY/

T 393的规定，并按在梨树上登记的药品种类、用量、次数及安全间隔期进行使用，优先推荐使用生物农药和矿物农药，禁止在天敌高峰期使用广谱性农药，防止破坏梨园生态平衡。

梨园所施用肥料应推荐使用农业行政主管部门登记或者免于登记的肥料。根据梨树营养水平提倡使用梨树专用商业有机肥以及有机—无机复混肥，适当合理施用化肥，具体施用标准需根据NY/T 394的规定。

（三）品质提升关键点

1. 品种选择

选择适宜的品种是保障梨品质的首要条件。品种的选择对于梨品质、产量具有巨大的影响，需结合种植地区的气候、土壤特性以及当地的果品需求特点而定。如我国南方地区因春季回温早、降水丰富、消费偏好喜鲜食等，宜选择成熟早、品质佳、强抗病性的品种。

2. 合理树形及培养

梨树作为多年生果树，合理的树形可以平衡营养生长和生殖生长的矛盾，综合考虑树种特性、品种特性、光能利用率、抗灾能力，选择适宜当地栽植的树形配合修剪将其培养利用成有利于高产、稳产、优质、省工的树形。树形培养还需通过每年生长季和冬季的整形修剪确保树形维持高产、优质的树相指标。

3. 合理负载

生产上梨树主要通过坐果后及时疏果的方式控制负载量。单株留果量的合理负载原则在保证产量和品质的同时有利于来年正常的花芽分化，且保持树势中庸。合理负载量依树干横断面积留果时，以1.5～2.0个/平方厘米为宜。省力化梨树保证留1个果需保证25～35片叶为宜。

4. 科学施肥

砂梨品种对肥水条件要求较高，以施有机肥为主，适量施用速效化肥作补充的方式可提升土壤肥力，土壤有机质含量高于25克/千克是实现梨果高产、稳产的关键。增施有机肥有利于果实着色，提高果实品质及耐贮性。每年每亩的化肥用量应不超过40千克，每亩实际施肥量需按当年梨的亩产量而定。每2～3年测定梨园树冠投影下土壤及成龄梨叶片中的营养水平，参照梨树体内各营养元素的适量标准及土壤营养水平标准值，及时根据具体情况调整施肥方案，确保科学平衡施肥。

5. 适时采收

果实应在适宜的成熟度时采收，以保证果实的品质和贮运性。用于贮藏和长途贩销的可适当早采（7～8成熟）；用于本地鲜销的应达到食用成熟度（8～9成熟）采收。早生新水、翠冠等早熟梨可适当早采，黄花梨等中晚熟品种可适当迟采，套袋果可适当迟采。用于冷藏的果品如遇连续阴雨或大雨后应隔1～2个晴天再采。

（四）农产品认证

最为常见的认证分为产品认证和体系认证，其中产品认证主要为绿色食品认证和有机食品认证，体系认证主要为中国良好农业规范（GAP）认证、ISO 14000体系认证和ISO 22000体系认证等。

1. 绿色食品认证

绿色食品认证是指产自优良生态环境、按照绿色食品标准生产、实行全程质量控制，并获得绿色食品标志使用权的安全、优质食用农产品及相关产品（图8-1）。

绿色食品申报流程根据《绿色食品标志管理办法》，操作平台为金农工程网，由申请人注册并提交认证申请。申请流程详见附录134页。

申请人申报需要提供《绿色食品标志使用申请书》（以下简称“申请书”）及产品调查表、质量控制规范、生产技术规程、基地来源证明材料、原料来源证明材料、

图8-1　二品一标标识

基地图、带有绿色食品标志的预包装标签设计样张及中绿中心要求提供的其他材料。申报人可以进行申报的条件需满足基本条件12项，产品需满足基本条件7项。

2. GAP认证

GAP即良好农业规范，我国参照国际较有影响力的良好农业规范标准，结合中国农业国情起草的良好农业规范系列国家标准，其中可用于梨GAP认证的相关良好农业规范系列国家标准有：《GB/T 20014.1　良好农业规范　第1部分　术语》《GB/T 20014.2　良好农业规范　第2部分　农场基础控制点与符合性规范》《GB/T 20014.3　良好农业规范　第3部分　作物基础控制点与符合性规范》和《GB/T 20014.5　良好农业规范　第5部分　水果和蔬菜控制点与符合性规范》。

展望

果业数字化转型加速了梨全产业链绿色生产的可持续发展，是未来农业发展的重要方向。数字果园是充分利用现代信息和通信技术，在数字水平上对果园生产、管理、经营、流通、服务等领域进行数字化设计、可视化表达和智能化控制管理，将生产、管理和经营等看作一个有机联系的系统，利用信息技术综合、全面、系统地应用到这个系统的各个环节，以促进和实现果园系统按照人类需求的目标和方向发展。

从信息技术应用的环节分，数字果园的内容大致分为：果园数字化管理系统、果品质量安全数字化管理与追溯、果品数字化流通管理系统这三个方面。数字化果园管理系统包括果树生长与环境条件模型、果树结构模型等，数字化模型是数字果园研究的核心和基础。果品质量安全数字化管理与追溯通过应用互联网、物联网、移动通信、云计算等新一代信息技术，建立高效安全、实时监测、智能生产预警、条码打印、消费者终端质量追溯、质量反馈和政府监管等功能的农产品质量安全追溯管理系统，涵盖主要农产品产前、产中、产后的关键质量、风险控制点安全监管环节，包涵投入品生产经营管理、生产基地管理和农产品检测管理，基本实现了农产品来源可追溯、去向可查证、责任可追究，极大程度上保障了人民群众的公共利益。果品数字化流通管理系统是随着电商、直播等新消费模式不断向果品流通、销售领域的不断渗透，果品线上渠道开始高速发展，数字化趋势逐步成为果品流通变革的主趋势。果品数字化流通管理系统借助5G技术、充分利用大数据对市场、消费、服务进行优化实现果品市场行情信息的精准传递、生产环境的实时监控、产销对接。果品流通数字化发展具有多主体、多元化发展和区域差异性，参与主体主要包括果农、合作社、农业企业和各类微商电商等，同时各区域政府也在规划、组织和协调方面发挥着重要的作用。网络化通过生鲜电商的应用是实现果业流通数字化进程的第一步。随着互联网消费市场和产业市场的迅速拓展，果品流通市场从传统流通行业向新零售转型升级。新零售是以数据和技术驱动的“线上+线下”的一体化数字化平台，是现代物流与数字化订单农业深度融合的新模式。

附录

1. 绿色食品申报流程

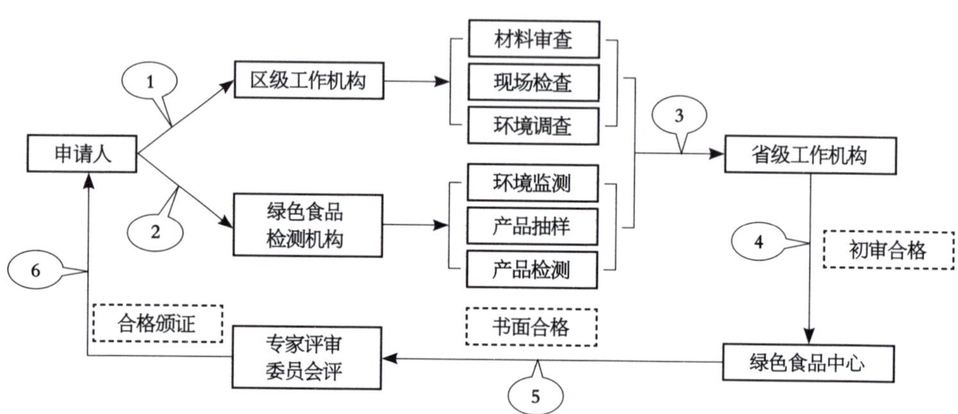

上海市绿色食品申报流程

2. 梨主要农事周年历

梨主要农事操作周年历

时 间	物候期	物候期图示	农事操作
11 月中—2 月	休眠期 萌芽前		1. 冬季修剪、2 月下旬—3 月上旬幼树刻芽 2. 新园建园、定植 3. 清园、刮老、病树皮除病害、地面冬翻

续 表

时 间	物候期	物候期图示	农事操作
3月上、中	萌芽期		1. 花芽萌动期，应尽快喷施石硫合剂 2. 单、双主干树形复剪、疏芽枝、幼树刻芽在本月上旬结束 3. 消灭梨锈病越冬源，对梨园附近（500米以内）的桧柏、龙柏喷施粉锈宁1 000倍液 4. 挂梨小性迷向丝及黏虫黄板（蚜虫、梨小食心虫、梨茎蜂的生物、物理防治）在梨园内挂梨小迷向丝和挂黄板，分别每667平方米用33根和20块 5. 疏花蕾，花蕾自鳞片脱落到开花前，每20厘米左右保留一个花序，疏小留大
3月下—4月上	花期		1. 准备精花粉（每亩5克左右）及工具（电子授粉枪、授粉笔）；安排好用工 2. 花前花后注意病虫害防治：梨锈病、黑星病、蚜虫、梨瘿蚊、梨木虱等 3. 及时抹芽，除竞争芽、背上芽
4月中、下	幼果发育 新梢生长		1. 花后14天疏除密生枝、直立枝摘心、疏除、撑枝 2. 疏果：疏除病虫果、外伤果、畸形果及生长迟缓的幼果，每果台留1果，保留第2位至第4位果 3. 坐果后穴施膨果肥 4. 注意病虫害防治：梨锈病、黑星病、梨蚜虫、梨木虱、梨瘿蚊 5. 购买防鸟、防虫网
5月	新梢生长 幼果发育期		1. 疏果、定产（叶果比20∶1～35∶1）、套袋 2. 夏季修剪、撑枝（5月10日前结束） 3. 喷施叶面肥，约15天喷施1次 4. 注意病虫害防治：黑斑病、梨蚜虫、茶翅蝽 5. 梨园土壤、水、草管理
6月上、中	新梢停长 梨果迅速膨大		1. 夏剪促花：拉枝、撑枝、缓放、扭枝、剪除部分徒长枝、改善通风透光 2. 注意梅雨期排水、应及时清理沟系，确保沟渠通畅 3. 注意病虫害防治：轮纹病、炭疽病、褐斑病、梨木虱、茶翅蝽、梨小食心虫 4. 施膨果肥

续 表

时 间	物候期	物候期图示	农事操作
6月下— 7月上	花芽开始 分化期 果实膨大期		1. 夏季修剪　对徒长枝、背上枝疏除、拉枝、扭枝，改善通风透光 2. 防杂草、割草 3. 注意病虫害防治工作：黑斑病、轮纹病、炭疽病、褐斑病、梨小食心虫、茶翅蝽、红蜘蛛、刺蛾，临近采收期尽量使用生物农药 4. 做好梨果采收前各项准备工作：临时采收人员、冷库、包装盒及衬垫材料、框、采果篮等
7月中— 8月中	果实采收期 （早、中熟）		1. 根据品种适时采摘，采收前进行糖度检测，不可早采，采前15天停止打药 2. 分等分级：梨果品宜在温度为15～20℃的分级包装间内进行分等分级 3. 采后包装：拣除病虫果、畸形果、机械伤果、过熟过生果、外观差异太大等影响商品性的果子 4. 干旱时适时适量灌溉
8月下— 9月上、中	果实采收期 （晚熟）果 实采后		1. 贮运：采收后利用冷库贮藏，入库预冷温度应为10℃左右，温度逐渐降至（1+0.5）℃即可，相对湿度85%～90% 2. 施梨园采后肥 3. 注意梨果采后的病虫害防治2～3次：轮纹病、褐斑病、梨网蝽、梨木虱、刺蛾
9月下— 11月上	养分积累期		1. 清园：彻底清扫梨园内落叶、烂果，剪除病梢、病枝等，将其堆放焚烧或深埋 2. 秋施有机肥 3. 地势低洼的梨园要做好防涝工作，及时清理沟系 4. 秋季病虫害防治：黑星病、褐斑病、白粉病、梨木虱、梨网蝽、刺蛾 5. 播种绿肥如黄花苜蓿、蚕豆、红花草等

目标内容：绿色果园生态良好、树体整齐一致、丰产稳产；商品果率85%以上，果品符合绿色果品标准

3. 梨树液体授粉配方

梨树液体授粉配方

配方材料	浓度 /100 千克营养液用量	作　用
精花粉	0.4～0.8 克 / 升 /40～80 克	梨树授粉坐果
蔗糖	15%/15 千克	渗透调节剂
硼酸	0.01%/10 克	促进花粉萌发
硝酸钙	0.05%/50 克	促进花粉萌发
黄原胶	0.04%/40 克	花粉分散剂

备注：液体配方参考南京农业大学梨中心团队研发的液体授粉技术

4. 梨主要病虫害发生周年历

全年梨主要病虫害发生周年历

时　期	物　候　期	主要防治对象
3 月上旬	萌芽前	越冬病虫
3 月中下旬	萌芽期（萌芽后到初花期）	黑星病、梨木虱、梨蚜虫
4 月上旬	开花期	梨锈病、黑星病、梨蚜虫、梨木虱、梨瘿蚊
4 月中下旬	新梢生长期及生理落果期	梨锈病、黑星病、梨蚜虫、梨木虱、梨瘿蚊
5 月上旬	新梢生长期	黑星病、黑斑病、梨蚜虫、梨木虱、茶翅蝽
5 月中下旬	新梢生长期	黑斑病、褐斑病、梨木虱、茶翅蝽、梨小食心虫
6 月上中旬	新梢停长及花芽分化期	轮纹病、炭疽病、褐斑病、梨木虱、茶翅蝽、梨小食心虫、红蜘蛛
6 月下旬—7 月上旬	花芽分化期及果实膨大期	轮纹病、炭疽病、褐斑病、梨小食心虫、茶翅蝽、红蜘蛛
7 月中下旬—8 月上旬	果实成熟期到采收期	停止病虫害防治工作
8 月中、下旬	果实采收后	梨网蝽、梨木虱、刺蛾
9 月中、下旬	树体养分积累期	黑星病、褐斑病、白粉病、梨木虱、梨网蝽、刺蛾
10 月中、下旬	树体养分积累期	黑星病、褐斑病、梨木虱

梨树绿色生产登记药剂防治

农药类别	登记防治对象	名　称	安全间隔期（天）
杀菌剂	黑星病	氨基寡糖素	/
		代森联	21
		苯醚甲环唑	14
		代森锰锌	10
		氟菌唑	14
		甲基硫菌灵	14
		碱式硫酸铜	20
		腈菌唑	21
		苦参碱	/
		锰锌・三唑酮	15
		醚菌酯	45
		戊唑醇	14
	炭疽病	嘧菌酯	14
	黑斑病、灰斑病	多抗霉素	7
	多种病害	代森锌	28
杀虫剂	梨木虱	高效氯氰菊酯	21
		螺虫乙酯	21
		吡虫啉	21
		虫螨腈	14
		苦参碱	/
		石硫·矿物油	/
	红蜘蛛	矿物油	/
		四螨嗪	30
	尺蠖、食心虫	苏云金杆菌	/
除草剂		草铵膦	5
植物生长调节剂	保鲜	甲基环丙烯	/
	调节生长、增产	赤霉酸	/
	保鲜	乙烯利	/
	调节生长	芸苔素内酯	/
植物诱抗剂	黑星病	氨基寡糖素	7

备注：上述农药均为梨上已登记农药；按照最新版本NY/T 393的规定为准；本表所列农药严格按照农药产品标签规定使用；国家禁用农药自动从本清单中清除

5. 梨果品生产禁用农药名录

梨果品生产禁用农药名录

禁止类别	农 药 名 称
所有作物	六六六、滴滴涕、毒杀芬、二溴氯丙烷、杀虫脒、二溴乙烷、除草醚、艾氏剂、狄氏剂、汞制剂、砷类、铅类、敌枯双、氟乙酰胺甘氟、甘氟、毒鼠强、氟乙酸钠、毒鼠硅、甲胺磷、对硫磷、甲基对硫磷、久效磷、磷胺、苯线磷、地虫硫磷、甲基硫环磷、磷化钙、磷化镁、磷化锌、硫线磷、蝇毒磷、治螟磷、特丁硫磷、氯磺隆、胺苯磺隆、甲磺隆、福美胂、福美甲胂、三氯杀螨醇、林丹、硫丹、溴甲烷、氟虫胺、杀扑磷、百草枯、2, 4-滴丁酯、甲拌磷、甲基异柳磷、水胺硫磷、灭线磷
果树	甲胺磷、甲基对硫磷、对硫磷、久效磷、磷胺、甲拌磷、甲基异柳磷、特丁硫磷、甲基硫环磷、治螟磷、内吸磷、克百威、涕灭威、灭线磷、硫环磷、蝇毒磷、地虫硫磷、氯唑磷、苯线磷、乙酰甲胺磷、丁硫克百威、乐果、氟虫腈

注：2, 4-滴丁酯自2023年1月23日起禁止使用。溴甲烷可用于“检疫熏蒸梳理”。杀扑磷已无制剂登记。甲拌磷、甲基异柳磷、水胺硫磷、灭线磷，自2024年9月1日起禁止销售和使用

6. 果园机械

果园常用机械

生产过程	设备种类		设备性能优缺点	适宜模式	设备图片
地面管理	果园割草机	背负式割草机	优点：使用灵活，成本低，仅仅切割地上一定高度的杂草，保留草根部分，具有固土作用，对保持水土极为有利 缺点：割草效率较低	适宜小规模及行间狭窄的果园	割草 锄地 松土
		手扶式割草机	优点：机身小，操作灵巧，自走式功能可减轻劳动力，在小规模及行间狭窄的果园行间掉头灵活 缺点：株间无法除草		
		乘坐式割草机	优点：工作效率高于其他类型的割草机 缺点：株间无法除草，设备成本较高	宽行密植梨园以及棚架梨园	

续　表

生产过程	设备种类		设备性能优缺点	适宜模式	设备图片
地面管理	果园割草机	避障式割草机	优点：作业时需借助拖拉机牵引驱动，工作效率高，可同时清除行间、株间杂草 缺点：工作宽幅大，调头半径大	适宜规模化、宽行密植梨园	
	耕整地机械	旋耕机	优点：不需要拖拉机牵引，更适宜果园操作的履带式多功能旋耕机，除耕整土地的功能以外，还可携带多个挂件，具有开沟、回填、起垄、挖坑、除草、施肥等功能，同时履带式设备降低了因机型较大对土壤的碾压	适宜大多数梨园	 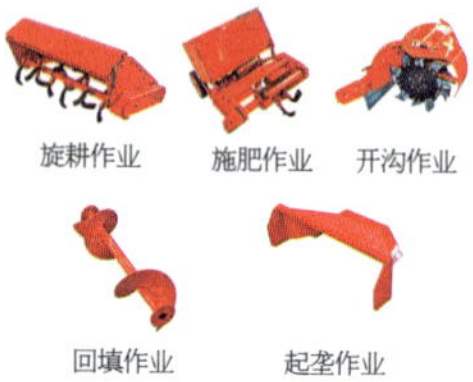 旋耕作业　施肥作业　开沟作业　回填作业　起垄作业
		微耕机	优点：可以同时实现旋耕、开沟、除草、割草、起垄、牵引等多种农艺作业功能的机具。履带行走系统使得整机的越野性、通过性、爬坡性能更好。可原地转向，具有更加优良的机动性	适宜规模化、省力化梨园	    旋耕　碎草　松土　施肥

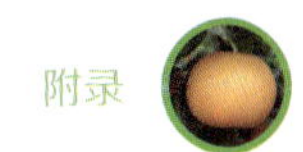

续 表

生产过程	设备种类		设备性能优缺点	适宜模式	设备图片
地面管理	耕整地机械	果园小挖机	优点：主要用于挖施肥沟、栽树、除草、培土、开荒等。果园小挖机具备智能、灵活、高效、安全可靠等特点；无尾小回转结构和动臂侧移功能，能适应各类狭小和密闭果园自由施工；采用双向伸缩式底盘，通过性和稳定性大大提高；具有挖掘、清理沟渠，破碎园土，推土做畦，抓肥料等多种功能	适宜大多数梨园	
	施肥机	拖拉机牵引式开沟施肥机	优点：用于果园撒施各类有机肥，同时有机肥车厢后方可配备颗粒肥斗，施肥量可调节，实现颗粒肥与有机肥混合撒施，同时开沟器后方配有覆土装置，实现开沟、沟内施肥、填沟、覆土一系列动作，有效提高果园施肥效率、降低劳动强度 缺点：自重较大车轮易压毁行内道路及沟渠，掉头半径较大，操作不灵活	适宜宽行密植梨园	
		自走式履带式撒肥机	优点：主要用于果园开沟施化肥作业。开沟施肥自动回填一次性完成（化肥）、单独开沟施肥、除草、更换回填。旋耕装置后可进行回填和旋耕作业，该机体积小，重心低，操作灵便，可原地转向，适用于梨树的开沟施肥作业	适宜南方多雨、泥泞梨园	
树体管理	枝条修剪	电动修剪刀	优点：电动修剪刀可代替手动修剪刀，较为轻松地完成修剪工作，工作效率是手动修剪刀的8～10倍，锂电池最长可续航12小时	所有梨园均可适用	

续 表

生产过程	设备种类		设备性能优缺点	适宜模式	设备图片
树体管理	枝条修剪	液压修枝剪（锯）	优点：每个锯片可根据情况多角度调整，可实现水平修枝，垂直修枝，也可根据所需要的偏角度修枝。可根据实际需要工作于拖拉机左侧或者右侧。工作速度可达6～7千米/小时 缺点：设备价格较高	适宜规模化密植梨园，尤其适宜圆柱形、篱壁式树形整形修剪	
	疏花机	电动疏花机	优点：疏花机的高度，宽度以及两个疏花轴之间的间距均可调节，避免疏花过程中造成叶片损伤，使疏花机可适应不同品种，生长时期的果树 缺点：需要拖拉机作为牵引动力，机身较大仅适于宽行掉头半径大的果园	适宜规模化密植梨园	
	植保机械	动力喷雾机	优点：履带式动力喷雾机，一机多用，平地、山地均可实现植保作业，高压喷枪可穿行树冠各方位提高病虫防治效果 缺点：与风送喷雾机相比高压喷枪药水使用量较大，叶片上淋融下的多余农药易造成浪费及环境污染	适宜南方多雨易积水、泥泞梨园	
		风送喷雾机	优点：自走式风送喷雾机，采用履带式设计，具有良好爬坡和越障性能。每个喷头可单独控制开闭。雾滴经液力与风力二次雾化，即使有株冠层与基本内膛雾滴分布的不均匀性影响，但其变幅的下限一般亦可有效防治	适宜宽行密植梨园或棚架梨园	

续 表

生产过程	设备种类		设备性能优缺点	适宜模式	设备图片
树体管理	植保机械	无人植保机	优点：具有用药量少，工作效率高、速度快等优势，尤其是可显著提升规模化果园或丘陵果园植保作业效率 缺点：喷散均匀度较差，对农药剂型使用存在局限性，防治效果低于喷雾机	适宜规模化梨园、丘陵梨园	
	果园作业平台	液压履带式多功能果园作业平台	优点：履带式和液压技术相结合适用于沼泽、泥泞颠簸的复杂路况，全液压驱动，具有高度、宽度、倾角多方位可调的功能，增加操作的安全性和灵活性。最新作业平台将导航控制技术和遥控技术应用到平台上，实现作业路径导航规划，控制整机直线，转弯，加减速等，实现果园的无人化操作	适宜宽行密植梨园	
		多功能伸缩臂式作业平台	优点：双臂设计，上下、左右、伸缩、360度无死角，两臂可同时作业，工作人员可站在伸缩臂衔接的方斗中完成采摘、修剪、授粉、套袋等工作，采摘后的果实可以放在后方的叉车中进行装载，运输，由于伸缩臂活动灵活，适合穿梭在树冠大的梨树各个方位进行树体管理	适宜宽行细、密植种植梨园	
	搬运机械	履带搬运机	优点：履带式行走装置结合液压系统，泥泞、崎岖的道路都能安全平稳地通过。采用加大货箱、动力强、自卸快、具有自卸功能，满足果园的搬运需要。乘坐式履带搬运机行走速度高于手扶式履带搬运机	适宜南方多雨泥泞的梨园	

续 表

生产过程	设备种类		设备性能优缺点	适宜模式	设备图片
树体管理	搬运机械	果园采摘运输拖车	优点：可通过液压系统调节高度，装载后平台可直接落地可轻松装载。拖车使用的减振扭力轴可以减少果筐在运输过程中的振动和跳动，避免果实碰撞损伤，提高果实收益。该拖车可以搭配各种型号果筐。拖车两侧可加装登高踏板，省去采摘工人搬蹬爬梯的工作量。拖车采用果筐轨道传输，当拖车倾斜落地时，果筐凭借重力惯性可自动下滑卸货，减少人力搬抬，降低劳动强度	适宜规模化梨园	
采收商品化处理	果品分级机	果品大小分级机	优点：按果品大小快速筛选规格一致的果品，设备价格低廉，操作方便，应用广泛 缺点：果皮薄、果肉嫩的梨品种用筛网或栅条式的分级机，易产生撞击造成破损，且在果实下落的过程中，造成分级精度不高。仅可根据果实大小进行分级，无法综合果实多个品质指标进行分级，不适宜精品梨果的分等分级	规模较小的果园进行简单分级	
		无损伤果品分选机	优点：利用光学特性或声波振动、核磁共振（NMR）检测技术，无须切开果品即可对其内部的糖度、酸度、成熟度等进行无损检测，同时还可对内部人肉眼难以识别的瑕疵，病斑进行识别	大型果品生产、加工企业进行精细化分等分级	

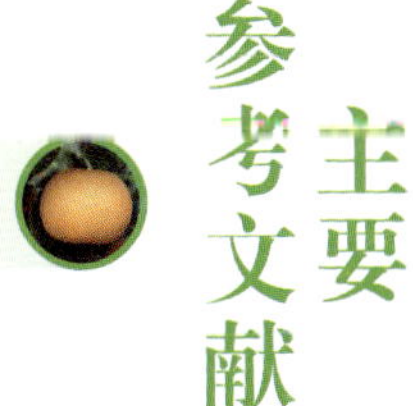

主要参考文献

[1] 艾尼瓦尔·肉孜，王乔. 2018. 梨小食心虫生物学特性及防治［J］. 生物灾害科学（2）：160-162.

[2] 鲍为民. 2010. 13个梨品种对梨黑星病抗性的鉴定结果［J］. 山西果树（4）：55-56.

[3] 柴全喜，张彦武，何新朝，等. 2003. 梨树刻芽试验［J］. 西北园艺（果树专刊）(03)：9-11.

[4] 耿玉韬. 1989. 二氧化硫对果树的危害和对策［J］. 福建果树（4）：3.

[5] 高照全，张明港，左谦益，等. 2018. 棚架梨树整形技术［J］. 果农之友（3）：3.

[6] 高海生. 2014. 果实品质无损伤检测与自动分级技术的研究进展［J］. 河北科技师范学院学报，28（1）：5-10.

[7] 郭普. 2006. 植保大典［M］. 北京：中国三峡出版社.

[8] 韩浩章. 苏南地区主要落叶果树的需冷量及休眠解除生理机制的研究［D］. 南京农业大学，2004.

[9] 河北省现代农业产业技术体系水果产业创新团队. 2020. 省力高效梨园规划与设计技术［J］. 河北农业，306（09）：32-34.

[10] 胡红菊，王晴芳，葛双桃，等. 1999. 优质高抗黑斑病梨品种德胜香［J］. 中国果业信息（4）：16-17.

[11] 胡育海，张正炜，陈秀，等. 我国梨树农药登记现状及梨果农残限量标准分析［J］. 中国果树（03）：103-108.

[12] 冀明辉，李龙飞，高丽娟，等. 2020. 梨树3种树形及培养技术［J］. 农业科学，10（12）：1056-1059.

[13] 康绍忠，胡笑涛，Ian Goodwin，等. 2001. 地下水位较高条件下不同根区湿润方式对梨树根与茎液流及其水分平衡的影响［J］. 农业工程学报，17（3）：15-23.

[14] 李秀根，张绍玲. 2020. 中国梨树志［M］. 北京：中国农业出版社.

[15] 骆军，许苏梅，练雪兴，等. 2006. 早熟、优质砂梨新品种‘早生新水’［J］. 园艺学报，33（1）：212.

[16] 骆军. 2020. 梨树栽培［M］. 北京：中国劳动社会保障出版社.

[17] 李庆臻. 1999. 科学技术方法大辞典［M］. 北京：科学出版社.

[18] 蔺经，盛宝龙，李晓刚，等. 2013. 早熟砂梨新品种‘苏翠1号’［J］. 园艺学报（09），

1849-1850.

[19] 李美桂，谢文龙，谢钟琛，等. 2008. 早熟砂梨矿质营养适宜值研究 [J]. 果树学报，25（4）：473-477.

[20] 李赛慧. 2007. 梨树施肥特点 [J]. 山西果树（1）：54.

[21] 斯迪. 1997. 梨树防风害 [J]. 内蒙古林业（8）：22.

[22] 孙益知. 2004. 果树病虫害生物防治 [M]. 北京：金盾出版社.

[23] 王晓庆，骆军，施春晖，等. 2021. 早熟砂梨新品种沪晶梨18号的选育 [J]. 果树学报，38（7）：1201-1203.

[24] 王晓庆，骆军，施春晖，等. 2018. 早熟砂梨新品种'沪晶梨67号'的选育 [J]. 果树学报（A01），166-168.

[25] 余兴，汤婷婷，丁伟，等. 2017. 我国梨产区灌溉水pH及矿质营养元素分析 [J]. 安徽农业大学学报，44（3）：513-518.

[26] 于存周，代凤瑞. 2006. 砀山酥梨高接圆黄梨负载量试验 [J]. 安徽农学通报（5）：43.

[27] 张绍铃. 2013. 梨产业实用技术 [M]. 北京：中国农业科学技术出版社.

[28] 张翠疃，李大乱. 1993. 茶翅蝽和黄斑蝽生物学特性研究 [J]. 林业科学研究，6（3）：271-275.